“互联网+”时代

我国P2P网贷投资研究

李淑芳 著

图书在版编目(CIP)数据

"互联网+"时代我国P2P网贷投资研究 / 李淑芳著.
—杭州 :浙江工商大学出版社,2015.6
ISBN 978-7-5178-1123-7

Ⅰ.①互… Ⅱ.①李… Ⅲ.①互联网络—应用—借贷—投资—研究—中国 Ⅳ.①F832.4

中国版本图书馆CIP数据核字(2015)第150730号

"互联网+"时代我国P2P网贷投资研究
李淑芳 著

责任编辑 谭娟娟 姚 媛
责任印制 包建辉
封面设计 包建辉
出版发行 浙江工商大学出版社
(杭州市教工路198号 邮政编码310012)
(E-mail:zjgsupress@163.com)
(网址:http://www.zjgsupress.com)
电话:0571—88904980,88831806(传真)
排 版 杭州朝曦图文设计有限公司
印 刷 杭州杭新印务有限公司
开 本 710mm×1000mm 1/16
印 张 9.5
字 数 161千
版 印 次 2015年6月第1版 2015年6月第1次印刷
书 号 ISBN 978-7-5178-1123-7
定 价 26.00元

浙江工商大学出版社营销部邮购电话 0571—88904970

前　言

互联网的发展在以不可阻挡之势改造着世界，改造着包括金融在内的各行各业。互联网技术渗透积累的海量用户和金融行业的结合造就了互联网金融快速崛起的奇迹，以及以2011年央行发放第三方支付牌照为标志，P2P网贷、网络众筹等新型业态迅猛发展。截至2014年底，中国第三方互联网支付交易规模达到80767亿元，同比增速达到50.3%；全国范围内活跃的P2P网上借贷平台达到1575家，贷款余额1036亿元；众筹融资平台116家，一年新增平台78家，众筹融资金额超过9亿元。互联网金融的崛起深刻地改变了传统金融业，使金融业朝着普惠金融的方向前进，金融将成为个人的随身服务。

在互联网金融的诸多细分行业中，P2P网贷无疑是其中一颗闪亮的新星，它因一方面释放了众多小微企业巨大的贷款需求，另一方面迎合了社会巨量闲散资金的不同投资诉求而迸发出强大的生命力，发展之迅速令人惊叹，而且未来的发展更是潜力巨大。

从投资人角度而言，网贷投资最低起点为50元，投资期限从几天到几年的都有，收益远高于银行理财产品，且流动性强，有着巨大的吸引力。可以预见未来会有更多的投资人进入这个新兴行业，但网贷行业发展太快，行业监管没能及时跟上，平台良莠不齐，存在较大的投资风险。本书正是从投资人的角度，分析控制网贷投资风险的方法，研究如何开展网贷投资。

本书研究得到2015年度浙江省自然科学基金立项课题(LY15G020001)、2015年度杭州市哲学社会科学规划常规性立项课题“杭州培育发展网贷理财平台研究(M15YD002)”的支持。

在本书长时间的构思、素材收集和写作过程中，先后得到了浙江商业职业技术学院麻淑秋、张洪哲、肖欢明、时坤、傅笑圆老师，陈丽蒙、陈晓丽、叶婷婷、金星星、方于同学，浙江工商大学蒋长兵、吴承健老师，宁波银行陆远航经理，联合银行郑宝玲经理，宜信财富张涛、叶建峰经理，恒天财富冯宇经理，国信证券黄翔、钱春经理，银河证券童硕经理，以及本人家人的支持和帮助，在此一并感谢！本书所载资料、数据力求准确，所提观点力求客观，但限于笔者研究水平和研究时间，疏漏之处在所难免，恳请各界专家、读者批评指正。

目 录

1 我国P2P网贷投资概述

互联网的海量用户与金融的结合颠覆了我国传统金融行业的发展模式，造就了互联网金融快速崛起的奇迹，其中P2P网贷行业更是一枝独秀，为各类中小投资人所推崇。

1.1 P2P网贷

近年来,“P2P网贷”概念逐渐为普通人所熟悉,并且日益成为个人和家庭资产配置中的一个重要组成部分。

1.1.1 P2P网贷概念

P2P即Peer To Peer,意思是“个人对个人”,是一种个人对个人的借款形式。一般由P2P网贷平台作为中介,借款人在平台上发布借款需求,投资人通过投资向借款人进行借款,借款人到期还本付息,投资人到期收取本金并获得收益。

网贷即网络借贷,是指借贷过程中,资料审核与资金进出、合同办理等手续全部通过网络实现,它是随着互联网的发展和民间借贷的兴起而出现的一种新金融服务模式。

P2P网贷是民间借贷与互联网相结合的金融服务,是民间借贷的网络版。借助信息技术的发展,将过去分散的民间借贷搬到了互联网上,从而让出借人与借款人在网络上实现点对点的对接。其可以划归于民间金融、草根金融、非正规金融领域。2012年以后网贷平台在全国各地迅速扩张。

1.1.2 我国P2P网贷迅猛发展的原因

在中国,互联网金融的发展主要由以下几个因素推动:

1.1.2.1 中小微企业和个人巨大的投融资需求奠定了行业发展基础

一方面,占中国企业总数94%以上的小微企业[①]对中国经济发展的重要性不言而喻,但受制于传统金融业的诸多约束,中小微企业的融资需求难以得到及时和充分满足,它们需要更多的资金注入;另一方面,财富数量和投资理财意识不断提高的个人拥有巨大和多样化的投资需求,银行利率的管控使得人们的高收益低风险要求在传统金融体系中难以得到充分满足,他们需要更灵活、更丰富的高收益投资渠道。中小微企业和个人巨大的投融

① 数据来源:2014中国小微企业发展报告。

资需求奠定了 P2P 网贷行业的发展基础。

1.1.2.2 金融监管的规避推动了行业投资迅猛发展

网贷平台接受融资方借款申请，然后在平台上发布信息，投资人根据自身的需求选择合适的项目进行投资。由于只是起中介作用，网贷平台没有传统金融行业巨额的资本要求，也不需要接受央行的监管，因而发展迅速。

1.1.2.3 互联网等的发展提供了技术支持

（1）互联网的普及为开展 P2P 网贷提供了市场支持。

互联网的普及使得更多的人能够通过网络参与各种交易，互联网的便捷也让更多的人愿意通过网络进行投资和融资，为 P2P 网贷的发展提供了市场支持。

（2）云计算的发展为 P2P 网贷提供了征信支持。

云计算保障了海量信息高速处理能力。通过云计算，资金供需双方的信息特别是对个人和机构没有义务披露的信息，在网络上的轨迹被搜索引擎组织标准化，最终形成时间连续、动态变化的信息序列。同时，其可以给出任何资金需求者（机构）的风险定价或动态违约概率，而且成本极低。P2P 网贷投资能够快速高效地完成对借款人的征信调查，保证了借贷的高效和透明度。

（3）支付创新为 P2P 网贷提供了安全保障支持。

P2P 网贷涉及大量的资金流转，资金的安全问题至关重要，而网贷所有环节都通过网络完成，存在很大的风险。第三方支付、第三方资金托管等支付创新为开展网贷投资提供了安全保障支持。

1.1.3 我国 P2P 网贷平台的主要运营模式

P2P 网贷通过网贷平台完成。P2P 网贷平台在网上借款和投资的匹配中主要承担中介的作用，通过提供借贷双方一个交易的平台，促使双方交易的达成，从中获取交易的服务费用，从而实现盈利。网贷平台的主要职责包括：负责对借款方的还款能力、还款意愿等情况进行审核，审核通过后在平台上发布借款信息；接受投资人的投资。借贷过程中资料、资金、合同、手续等全部通过网络实现。目前，P2P 网贷平台的运营模式主要有两种。

1.1.3.1 纯线上模式

在纯线上模式运作中，P2P 网贷平台本身不参与借款，只是实施信息匹配、工具支持和服务等功能。纯线上的网络借贷是民间借贷的互联网化，是将民间借贷搬到互联网上运营的模式，也是 P2P 网贷平台最原始的运作模式。纯线上模式，意味着获得客户的渠道、风控、交易、放款等全部流程都在互联网上完成。

拍拍贷是这一模式的典型代表。它是纯信用无担保的网络借贷平台，借款人 A 需要一笔资金，在网站上发布一则借款信息，约定借款期限、最高年利率及资金筹措期限。有意向的放款人 B(或多个自然人)用自有资金进行全额或部分投标，但投标年利率不能高于 A 所约定的最高值。在资金筹措期满后，如果投标资金总额达到或超过 A 的要求，则全额满足 A 需求的最低年利率资金中标；如果资金筹措期满仍未能集齐 A 所需资金，该项借款计划流标。借款成功后，网站自动生成电子借款协议，借款人按每月还款方式向放款人还本付息。

纯线上模式的特点是资金借贷活动都通过线上进行，不涉及线下的审核。通常采取的审核借款人资质的措施有视频认证、查看银行流水账单、身份认证等。

纯线上模式的优势在于平台能够规避可能存在的非法集资等法律风险；平台运行成本低；平台不必承担坏账损失，运营风险小。其缺点在于缺乏完善的个人资信体系，坏账风险高，平台风控风险大，也不容易被投资者接受，正是这些缺陷制约了纯线上模式的发展。

1.1.3.2 线上＋线下结合模式

目前，大多数中国 P2P 网贷平台都采用线上＋线下结合，为借款人提供担保或资金兜底保障的模式，即在线上主攻投资端，吸引投资人，在线下开发贷款端客户，与小贷公司合作或成立营销团队找需要借款的用户并进行实地考察，选择借款人。

为寻找优质债权端，不少 P2P 网贷平台选择通过合作机构寻找借款人，如有利网联合小贷公司，还有 P2P 网贷平台与房地产中介、便利店等的合作。但如果 P2P 网贷平台自己没有资产源，完全依靠合作机构，容易被合作机构牵制。

线上＋线下结合模式的优势是风控风险较小，更容易得到投资者的认可；缺点是容易陷入非法集资等法律风险，平台运行成本较高。但在中国个人征信体系不完善的国情下，该模式成为绝大多数 P2P 网贷平台的选择。

1.1.4 我国 P2P 网贷的主要业务种类

由于发展迅速，不断创新，我国 P2P 网贷行业业务种类很多，常见的主要有以下几种：

1.1.4.1 信用贷款

信用贷款是 P2P 网贷最常见的业务种类。信用贷款是一种无抵押无担保的贷款类型，通常根据借款人的职业、收入水平、资产状况和信用记录等授予一定的借款额度，借款人不需要提供资产抵押，额度一般不超过 50 万元，借款期限 1～3 年不等，典型平台如拍拍贷、宜人贷、你我贷。这类贷款违约率较高，平台需要较大的业务规模覆盖坏账。

1.1.4.2 房地产抵押贷款

房地产抵押贷款业务是借款人以自有房产作为抵押物向出借人提供担保，在平台上发标借款的融资方式，典型平台如钱多多。这类贷款由于有实物资产抵押，风险相对较小，比较受投资人的青睐。但这类贷款存在房价下降、变现难等风险，而且存在二次抵押。二次抵押虽然有效，但不同于一次抵押享受优先受偿权，因而风险较一次抵押稍大。

1.1.4.3 车辆抵押贷款

车辆抵押贷款是指借款人以车辆作为抵押物在网贷平台申请的贷款，通常用于解决短期资金周转的问题，典型平台如微贷网、好车贷。由于国内新车市场仍有很大的上升空间，车辆抵押业务前景空间较大。但这类贷款存在车辆损毁、丢失、骗贷、折价等风险。

1.1.4.4 股权质押贷款

股权质押贷款是指股票持有人在不出售所持股票的情况下，将所持股权作为质押，在网贷平台申请的贷款。808 信贷平台发布过股权质押贷款。这类贷款存在股权价值波动大、非上市公司股权变现难、受公司经营状况变动影响等风险。

1.1.4.5 票据质押贷款

网贷行业中涉及的票据业务主要是汇票,包括银行承兑汇票和商业汇票。票据质押贷款是指借款人以票据为质押,在网贷平台申请的贷款。为规避法律风险,票据一般由第三方支付公司或银行托管,典型平台如金银猫、民生易贷—E 票通、小企业 E 家、票据宝等。这类贷款存在假票、背书错误、兑付违约等风险。

1.1.4.6 股票配资

股票配资指借款人在原有资金的基础上,以一定的杠杆(通常是 1～10 倍),在网贷平台申请的借款,典型平台如投哪网。由于配资业务有一定的杠杆,能够提高平台的利润,2014 年股市进入牛市后股票配资业务增长迅速,但该业务一直处于法律的灰色地带,存在较大的监管风险。同时也存在操盘和强行平仓的风险。

1.1.4.7 资产证券化

资产证券化指将线下非标准的企业债打包成线上标准化的小贷资产包,由合作担保及小贷公司承诺溢价回购的业务,典型平台如 PPmoney 交易所模式的安稳盈。由于资产证券化下的借投双方并未实现资金直接对接,其间有一定的灰色区域,除了借款人违约风险外,还容易引发管理及操作风险。

1.1.5 我国 P2P 网贷的主要特点

与银行存款、股票等传统投资产品相比,P2P 网贷具有以下特点:

1.1.5.1 成本低

在 P2P 网贷模式下,资金供求双方可以通过网络平台自行完成信息甄别、匹配、定价和交易,网贷平台可以避免开设营业网点的资金投入和运营成本,整个交易成本可以大幅降低。

1.1.5.2 效率高

一方面,P2P 网贷业务主要由计算机处理,操作流程完全标准化,客户不需要现场排队等候,业务处理速度更快,用户体验更好;另一方面,投资人可以在开放透明的平台上快速找到适合自己的金融产品，削弱了信息不对称程度，更省时省力。

1.1.5.3 覆盖广

P2P 网贷模式下，客户能够突破时间和地域的约束，在互联网上寻找需要的金融资源，金融服务更直接，客户基础更广泛。此外，P2P 网贷的客户以小微企业为主，覆盖了部分传统金融业的金融服务盲区，有利于提升资源配置效率，促进实体经济发展。

1.1.5.4 发展快

依托大数据和电子商务的发展，P2P 网贷得到了快速增长。

1.1.5.5 管理弱

管理弱具体体现为如下几点：

一是风控弱。P2P 网贷还没有接入人民银行征信系统，也不存在信用信息共享机制，不具备类似银行的风控、合规和清收机制，容易发生各类风险问题，如已有的众贷网、网赢天下等 P2P 网贷平台宣布破产或停止服务。

二是监管弱。互联网金融在中国处于起步阶段，还没有监管和法律约束，缺乏准入门槛和行业规范，整个行业面临诸多政策和法律风险。

1.1.6 我国 P2P 网贷当前存在的主要问题及主要原因

我国 P2P 网贷行业虽然发展迅速，但提现困难、跑路问题也时有发生，给投资人带来巨大听命。当前 P2P 网贷存在的主要问题及其主要原因是：

1.1.6.1 缺乏行业监管导致问题平台频发

我国 P2P 网贷行业虽然发展迅速，但基本属于“三无”行业，即没有准入门槛，没有运行规范，没有外部监管。缺乏行业监管导致 P2P 网贷行业野蛮的快速增长，平台良莠不齐，平台诈骗、跑路事件屡见不鲜；而且由于发展太过迅速，导致很多平台规模远超过自身实力和能力所能掌控的范围，提现困难平台也不断出现。

1.1.6.2 面临非法集资困扰

P2P 借贷采用公开方式为借款人筹措资金，在我国一直存在非法集资的困扰。2010 年 12 月发布的《最高人民法院关于审理非法集资刑事案件具体应用法律若干问题的解释》中第一条规定："违反国家金融管理法律规定，向社会公众（包括单位和个人）吸收资金的行为，同时具备下列四个条件的，除刑法另有规定的以外，应当认定为刑法第一百七十六条规定的'非法吸收公众存款或者变相吸收公众存款'：（一）未经有关部门依法批准或者借用合法经营的形式吸收资金；（二）通过媒体、推介会、传单、手机短信等途径向社会公开宣传；（三）承诺在一定期限内以货币、实物、股权等方式还本付息或者给付回报；（四）向社会公众即社会不特定对象吸收资金。"

那些没有采取客户资金第三方托管的平台，会形成资金在平台的沉淀，存在非法集资的嫌疑。

1.1.6.3 自融和虚假借款问题层出不穷

有些 P2P 网贷平台设立的目的就是为自己或关联企业融资，即自融。如果平台的实际控制人直接或委托关联方在平台上发布自己的真实借款信息并没有大问题，只是容易发生操作违规和道德风险。而更严重的问题在于，自融平台往往会采用虚构借款人和借款需求的方式进行自融，把吸收的资金转贷或投资于其他用途。由于这种情况下借贷双方信息严重不对称，一旦资金出现问题，投资者往往血本无归。

1.1.6.4 坏账率居高不下

P2P 平台主要定位于为借款人提供小额信贷。小额信贷是一项严重依赖征信体系、诚信环境和数据技术的业务。国外运行的 P2P 网贷由于对接了征信系统和大数据信息，个人的征信数据相对全面、准确，可作为筛选借款人的第一道门槛，对数据进行分析之后，比较容易在线上解决问题。同时，其高昂的违约成本也在一定程度上制约着借款人的违约行为。但是在我国由于征信系统不完善，造成 P2P 网贷一系列的问题和矛盾。

我国的小额信贷业务本身发展滞后，技术和人才储备有限，缺少完备的个人征信体系，诚信环境不佳，还有一些网贷平台经营者本身并无小额信贷业务经营经验，仓促上线平台，盲目扩张业务，使得 P2P 网贷平台开展小额信贷业务存在巨大风险。

为应对这一风险，许多平台开展详尽的线下尽职调查，从搜集信用数据开始，经历初审、终审、复核多个环节以便尽可能准确地确定借款人的信用状况，评估其还款能力、还款意愿和违约成本。这些工作大多由人工完成，造成极高的人力成本。一般而言，线下销售和尽职调查费用占到 P2P 借贷平台运营费用的 50%以上。有些网贷平台为了降低成本或者吸引客户而简化审核环节，造成网贷坏账率居高不下。行业内普遍流行的说辞是坏账率介于 2%～3%之间，但真实坏账率可能远高于此，主要原因在于：

第一，网贷行业对坏账率的计算没有统一标准，很多平台按照有利于降低坏账率的方法来计算，数据缺乏客观性；

第二，很多平台不公布或不及时定期公布自己的坏账率，难以获得全行业的坏账数据；

第三，过去几年网贷平台成交量急剧上升，稀释了原有的坏账率。

1.2 P2P 网贷投资

P2P 网贷投资是指投资人通过 P2P 网贷平台借款给需求方，从而获取利息收益的投资行为。

1.2.1 P2P 网贷投资的优势

P2P 网贷投资的优势主要有：

1.2.1.1 收益较高

P2P 网贷的利率很高，行业内的年化利率一般在 10%～18%，有的甚至高达 30%，远远超过银行定期存款、银行理财产品、国债、企业债等稳健性金融产品投资收益水平，超过了投资起点通常高达 100 万元的信托产品投资收益水平，超过了大多数时间大多数人的股票、基金投资收益水平，对投资人有强大的吸引力。

1.2.1.2 投资灵活

(1)投资起点低。

不同的 P2P 网贷平台投资起点不同，但总体起点较低，一般在 50～1000 元之间，无论是在校学生、刚毕业的年轻人，还是积累了一定财富的投资人，P2P 网贷平台都能容纳，投资群体广泛。

(2)投资期限多样化。

P2P 网贷平台为投资人提供了各种期限的投资产品，无论是在校学生的短期结余，还是高收入人群的闲余资金都能找到期限匹配的投资项目，P2P 网贷能充分吸纳不同期限的资金。

(3)投资平台和产品多样化。

不同的 P2P 网贷平台提供了不同收益水平的多种产品，投资人可以根据自己的收益和风险偏好，选择相应的产品。P2P 网贷投资能吸纳各种收益风险要求的资金。

1.2.1.3 流动性强

每个 P2P 网贷平台都会向投资人提供已投资项目的变现服务，通常可以通过赎回、债权转让、净值标借款等形式实现 P2P 网贷投资的流动。而在常见的投资产品中，银行定期存款未到期前取出只能按活期计息，银行理财产品未到期前不能变现，信托产品持有期间不能变现，P2P 网贷的高流动性使得它和股票、债券、证券投资基金等金融产品一样受到投资人的欢迎。

1.2.1.4 风险较低

P2P 网贷作为借款类产品，借款人需要承担按期还本付息的义务，与股票等股权类产品相比风险较低。

1.2.1.5 对投资人要求低

投资 P2P 网贷，无须像投资股票一样具备相当的专业水准，并且花费大量时间研究宏观经济、行业发展、公司投资价值、盘面技术指标，如果不是职业 P2P 投资人，只要定期进行跟踪和监控即可，相对较为简单和省时。

总之，P2P 网贷投资具有股票等高收益产品的收益水平和流动性，投资非常灵活，又具备银行理财产品等低收益投资的省时和非专业性，还具有债权类投资还本付息的较低风险性，因而吸引了越来越多的投资人进入这个行业。

1.2.2 我国 P2P 网贷投资的主要风险

P2P 网贷投资的风险主要有：

1.2.2.1 平台风险

我国网贷行业大部分平台为吸引投资人，都会引入第三方担保公司或建立风险备用金等对投资人本息进行保障。一方面，平台承诺垫付之后，其本身成了信用主体，投资人在投资决策时只需对平台进行风险判断，而无须对平台的每个借款项目进行分析，这在一定程度上降低了投资决策的成本。另一方面，借款业务的风险都由网贷平台来承担，风险都聚集到网贷平台上，这使得投资人的风险与平台紧密相关。平台安全，投资人的本息就有保障；平台若出现问题，投资人的资金就很难收回。投资人面临的平台风险主要有：

(1)平台诈骗和跑路风险。

由于缺乏行业监管，我国 P2P 网贷行业野蛮快速增长，平台良莠不齐，平台诈骗、跑路事件屡见不鲜，这类问题一旦发生，平台所有投资人可能都血本无归。

(2)平台运营风险。

很多网贷平台自身实力不强，只凭借网贷行业迅猛发展的东风，实现规模快速增长，但平台运营能力没有跟上规模的发展，很容易因为个别违约事件的发生而出现资金困难，投资者知道消息后进行挤兑，进而出现平台提现困难。此时平台能否持续运营就存在很大的不确定性了。

1.2.2.2 项目风险

投资人所投资的项目可能出于各种原因出现违约和坏账，这些原因包括：由于缺乏完善的个人征信体系，借款人可能发布虚假借款信息，可能在不同平台重复借款；由于平台风险控制体系不完善或者为增加客户而故意放松审核，导致发生坏账；借款人没有能力偿还债务导致逾期和坏账。当出现项目逾期或坏账时，投资人的本息可能受到部分或全部损失。

1.3 我国 P2P 网贷行业的发展现状

我国 P2P 网贷行业 2009 年起步，2012 年开始快速发展，并逐渐为大众所了解和认可。[①]

1.3.1 网贷平台数量及分布

根据网贷平台数量及分布可以了解我国及各省(区、市)P2P 平台的发

① 网贷之家网站，http://www.wangdaizhijia.com/。

展速度。

1.3.1.1 我国 P2P 网贷投资平台数量

我国 P2P 网贷起步较晚，但发展迅速。网贷平台在过去几年呈现爆发性增长，2010 年全国只有 10 家，到 2014 年已经达到 1575 家，年均增长率为 254.3%，具体如图 1-1 所示。

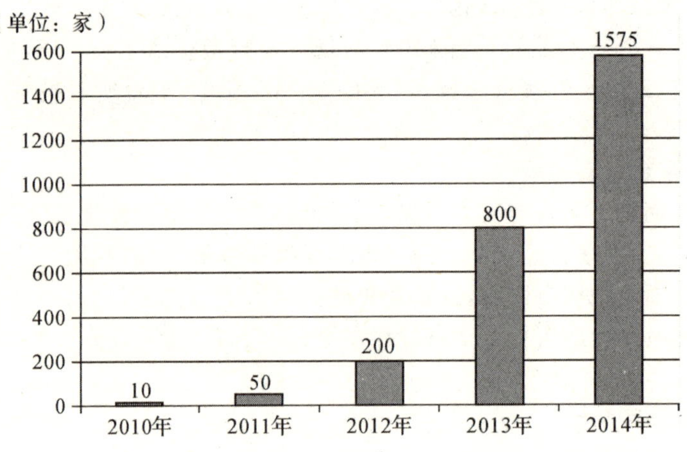

图 1-1 我国 2010～2014 年网贷运营平台数量

1.3.1.2 我国各省（区、市）P2P 网贷投资平台数量

我国 P2P 网贷平台主要分布在经济发达和民间借贷活跃的地区，其中广东以 349 家平台居首位，浙江、北京、山东、上海、江苏分居其后五位，前六位省（市）累计平台数量占全国总平台数量的 71.30%。其中，广东省网贷平台主要位于金融、IT 业较为发达的深圳市，自由竞争的环境和创新精神的崇尚使得广东省网贷行业在全国占据龙头地位，引领了全国网贷行业的发展。

2014 年，北京网贷行业发展最为迅速，网贷平台数量是 2013 年的 2 倍。该地区网贷平台一般实力雄厚，多为 P2N 运营模式，轻资产模式使其快速扩张。标的量大、周期长、综合利率低是北京地区网贷平台的显著特点。

随着网贷行业逐渐被大众所了解，四川、安徽、重庆等内陆省（市）网贷行业得到快速发展，加之这些地区民间借贷较为活跃，网贷平台数量增长迅速，如图 1-2 所示。

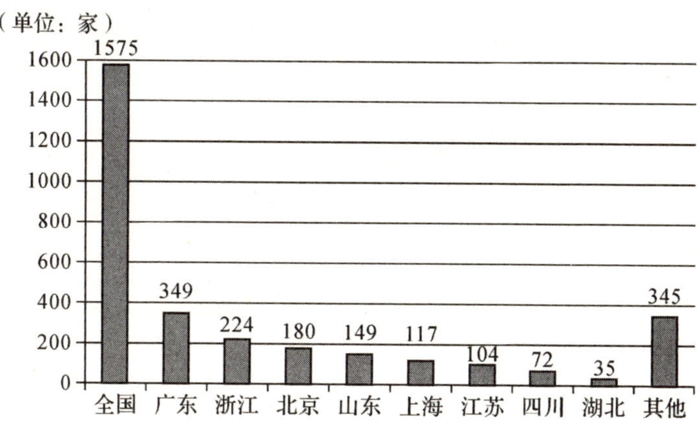

图 1-2　2014 年我国各省(区、市)网贷平台数量

1.3.1.3 我国各背景网贷投资平台数量

我国网贷平台早期基本上都是由民营资本运作。随着网贷投资逐渐被社会认可，更多背景雄厚的资本进入这个领域，逐渐形成了风投系平台、银行系平台、上市公司系平台、国资系平台。仅从 2014 年 12 月到 2015 年 3 月，风投系平台就增加了 42 家，增长了 45%，居各背景平台增长率首位，具体如表 1-1、图 1-3 所示。

表 1-1　2014 年 12 月～2015 年 3 月各背景平台数量

（单位：家）

平台背景	2014 年 12 月	2015 年 3 月
民营系	1483	1615
风投系	29	42
银行系	12	13
上市公司系	17	21
国资系	34	37

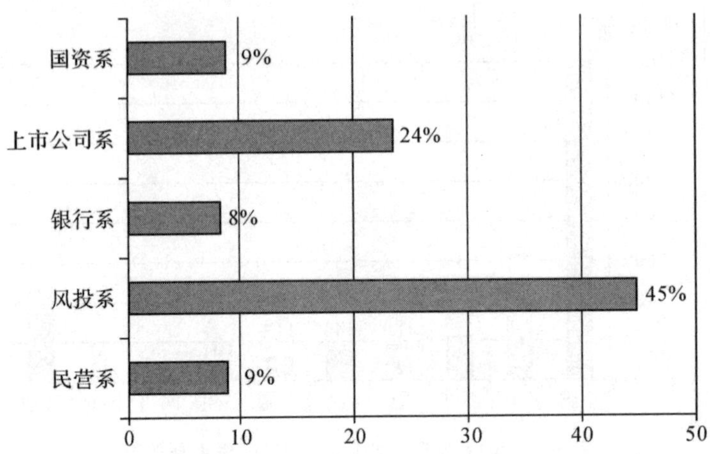

图 1-3 2014 年 12 月～2015 年 3 月各背景平台增长率

1.3.1.4 我国各年 P2P 网贷投资问题平台数量

网贷行业早期进入门槛低，鱼龙混杂，部分平台自身规模实力和运营能力薄弱，加上平台业务快速扩张，平台风险积聚，导致问题平台不断出现。截至 2015 年 4 月 13 日，问题平台达到 564 家。2014 年全年问题平台达 275 家，是 2013 年的 3.6 倍。2015 年前 4 月已经出现 198 家问题平台，达到 2014 年全年问题平台数量的 72%，如图 1-4 所示。

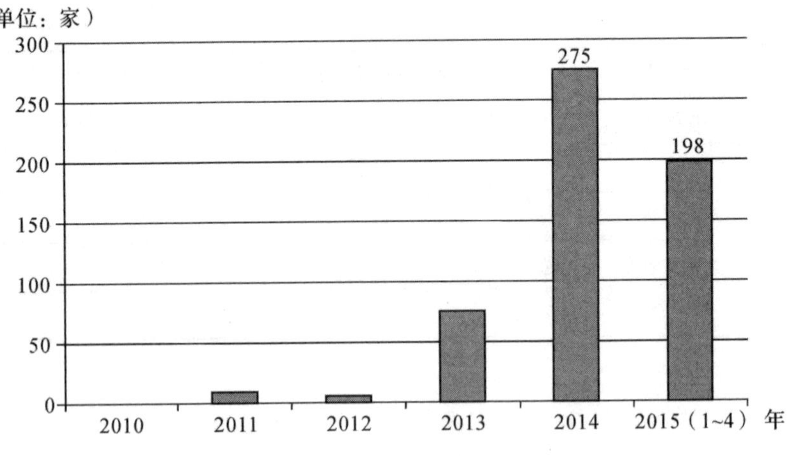

图 1-4 我国 2010～2015 年网贷问题平台数量

1.3.1.5 我国各省(区、市)P2P 网贷投资问题平台数量

从各省(区、市)问题平台的数量来看,截至 2015 年 4 月 13 日,广东出现的问题平台最多,共 107 个,山东、浙江、上海、江苏、北京、四川位居其后,这 7 个省(市)问题平台数量达到全部问题平台数量的 73%(图 1-5),与这些省(市)网贷投资活跃基本正相关。

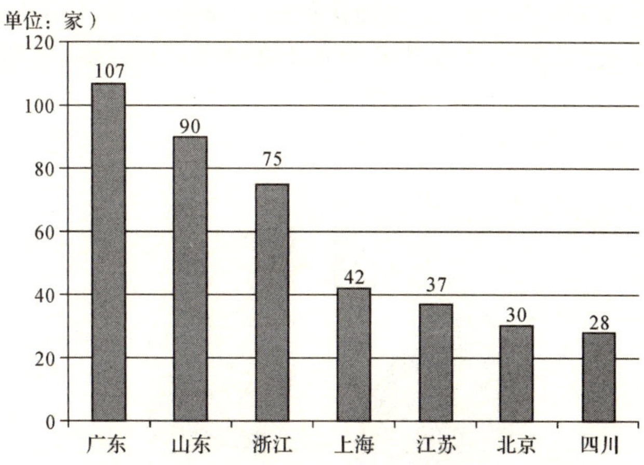

图 1-5 我国各省(市)网贷问题平台数量(2015 年 4 月 13 日)

选择问题平台数量排名前七位的省(市),分析问题平台数量占全部平台数量比例,其中山东问题平台比例最高,达到 60%,四川排在第二位,为 39%;问题平台数量最多的广东仅排在第六;上海、江苏、浙江、广东的问题平台数量比例接近,具体如图 1-6 所示。

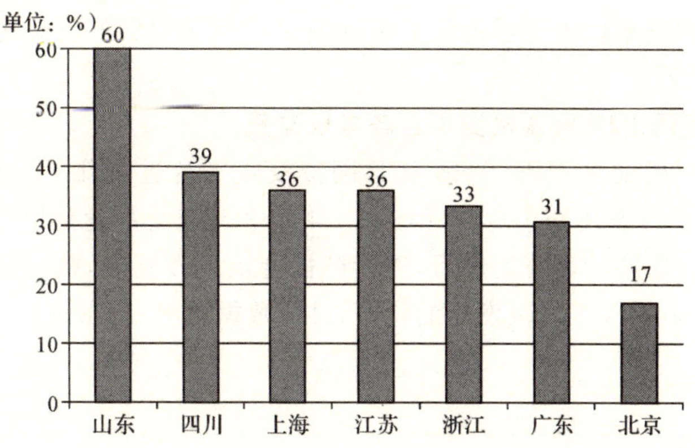

图 1-6 我国各省(市)网贷问题平台数量

1.3.1.6 我国 P2P 网贷投资问题平台事件

2013 年平台发生问题主要是诈骗和跑路，2014 年诈骗、跑路类和提现困难类问题平台数量不相上下，还有部分平台因为停业或者经侦介入等被曝光。2014 年 10 月以来，提现困难类平台大幅上升，如图 1-7 所示。

随着网贷行业发展逐步走向规范化，运营稳健平台一方面通过资本注入提升自身规模实力，另一方面加快创新，不断开发新产品和新业务，行业巨头逐渐显现。而运营不规范的平台正在经受严峻考验，逐渐被投资者淘汰，网贷平台将迎来新一轮倒闭潮。

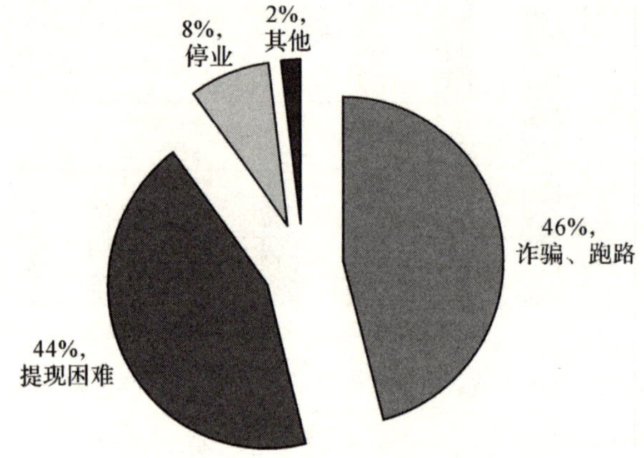

图 1-7 我国 2014 年网贷问题平台事件类型

1.3.2 网贷平台成交量

根据网贷平台成交量可以了解我国 P2P 网贷投资的发展速度。

1.3.2.1 我国 P2P 网贷投资平台各年成交量

从各年成交量来看，我国 P2P 网贷投资平台过去几年发展极为迅速，2010 年这个行业还处于空白，但到 2014 年平台成交量达到了 2528 亿元，网贷行业经过前期的高速发展后，逐渐被社会认可和接受，政府监管也开始落实，行业逐步进入了规范发展的轨道，具体数据如图 1-8 所示。

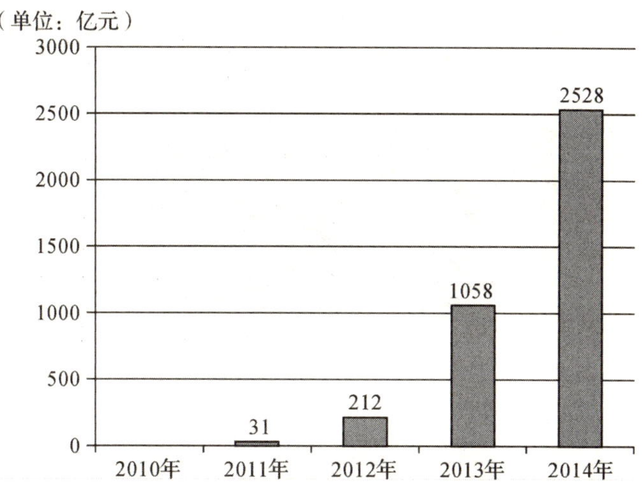

图 1-8 我国网贷平台近年成交量

1.3.2.2 我国 P2P 网贷投资平台 2014 年各省(区、市)成交量

我国 P2P 网贷投资平台 2014 年成交量居前五位的省(市)分别是广东、浙江、北京、上海、江苏，累计成交量占据全国的 81.72%。其中，广东省以 846.44 亿元的成交量居首位。2014 年下半年，北京、上海两地发展较为迅速，如今单月成交规模已经超过浙江。

目前，全国各省(区、市)网贷行业发展逐渐形成四个梯队，广东、浙江、北京、上海位于第一梯队，这些地区网贷平台数量众多，成交规模较大，发展十分迅速。这些地区的平台如红岭创投、陆金所、温州贷、鑫合汇、微贷网、有利网、积木盒子等，2014 年成交量居全国前列。

江苏、山东、四川、湖北、重庆居第二梯队，月成交量介于 5 亿～20 亿元之间，这些地区的网贷成交量随着平台数量的不断增加稳步增长。

安徽、贵州、山西、福建、河南、湖南、江西、陕西、云南、天津、河北等地虽然传统金融业较不发达，但是民间借贷较为活跃，这些地区的网贷行业发展具有较大潜力，目前这些省(市)月网贷成交量介于 1 亿～5 亿元之间，为第三梯队。

其余的省(区)如黑龙江、广西、宁夏等地正常运营的网贷平台数量均不到 10 家，目前月成交量低于 1 亿元，受单个平台成交规模变动影响较大，为第四梯队。具体如图 1-9 所示。

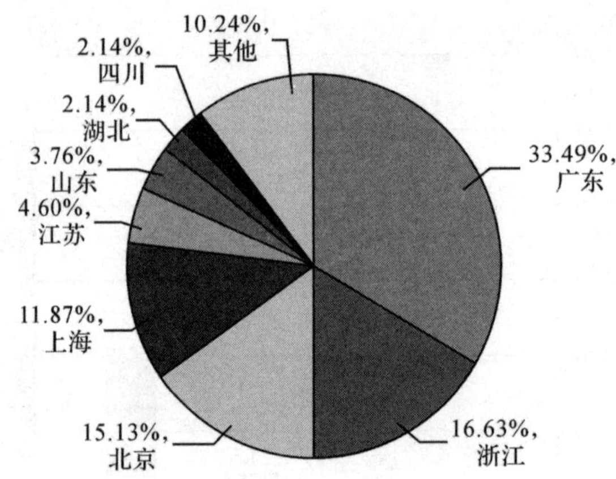

图 1-9　我国 2014 年各省(区、市)网贷成交量占比

1.3.3 网贷贷款余额

根据网贷贷款余额可以了解我国 P2P 网贷贷款规模。

1.3.3.1 我国各年网贷贷款余额

贷款余额，也称网贷待收金额，指平台目前已经贷出尚未偿还的本金(不计利息)。贷款余额是衡量平台借贷规模和安全程度的重要指标。截至 2014 年 12 月底，我国网贷行业总体贷款余额达 1036 亿元，是 2013 年的3.87倍。2014 年月增长率达到 11.64%(图 1-10)。相比其他成熟的固定收益市场，网贷行业的总体规模仍然很小，但发展迅猛。

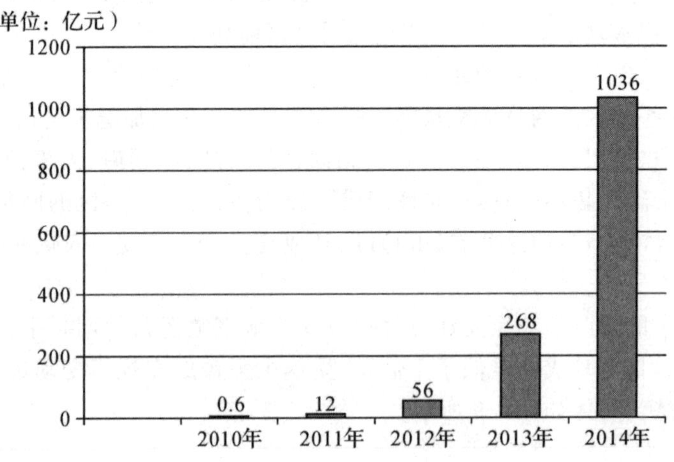

图 1-10　我国各年网贷贷款余额

1.3.3.2 我国各省(区、市)网贷贷款余额

截至 2014 年 12 月底，广东、北京、上海、浙江、江苏、山东六省(市)网贷贷款余额居于前六位，累计贷款余额达 903.21 亿元，占全国的 87.18%，如图 1-11 所示。网贷贷款余额在 5 亿元以上的平台达 36 家，占全国的 58.82%，红岭创投、e 租宝、陆金所贷款余额居前三位。一些平台在快速扩张过程中，贷款余额一路攀升，致使出现提现困难。

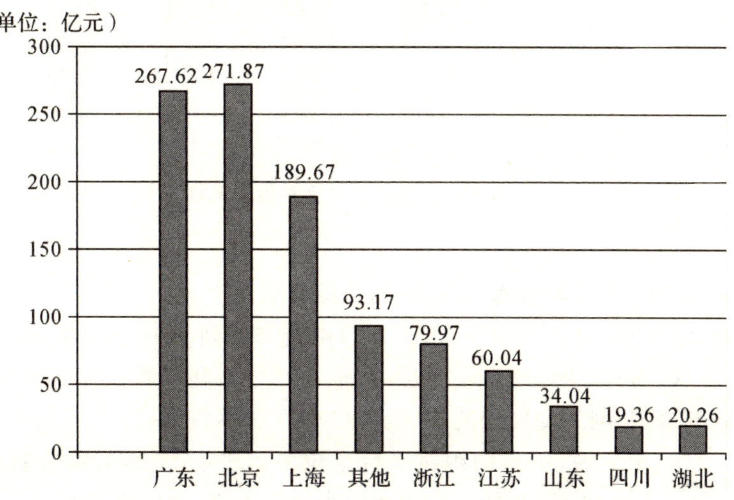

图 1-11 我国 2014 年末各省(区、市)网贷贷款余额

1.3.4 网贷综合利率

根据网贷综合利率可以了解我国 P2P 网贷投资的平均收益水平。

1.3.4.1 我国各年网贷综合利率

截至 2014 年底，我国各年网贷综合利率均在 17%以上，综合利率在 2013 年达到顶峰，为 23.05%。但自 2014 年 3 月开始，网贷综合利率呈现逐步下降趋势(图 1-12)，到 2015 年 3 月，已降至 15.02%。

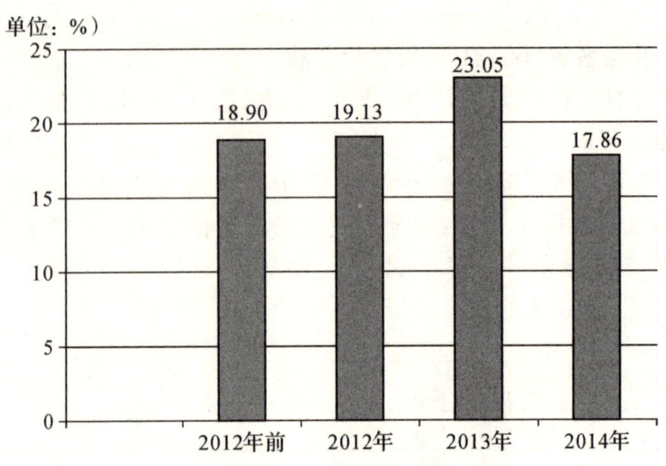

图 1-12　我国各年网贷综合利率

1.3.4.2 2014 年我国各省(区、市)网贷综合利率

从 2014 年 12 月我国各省(区、市)网贷综合利率来看，P2P 网贷发展缓慢的省(区、市)由于金融业不发达，新平台通过高利率吸引投资人导致综合利率较高；P2P 网贷发展快的省(区、市)利率总体较低；山东的利率很高，达到23.31%，相应地，山东的跑路平台也较多。北京、上海的综合利率偏低，分别是 13.49%和 11.83%。这两地因为地缘因素，金融业较发达，平台经营也较稳健、规范，所以总体利率偏低。具体如图 1-13 所示。

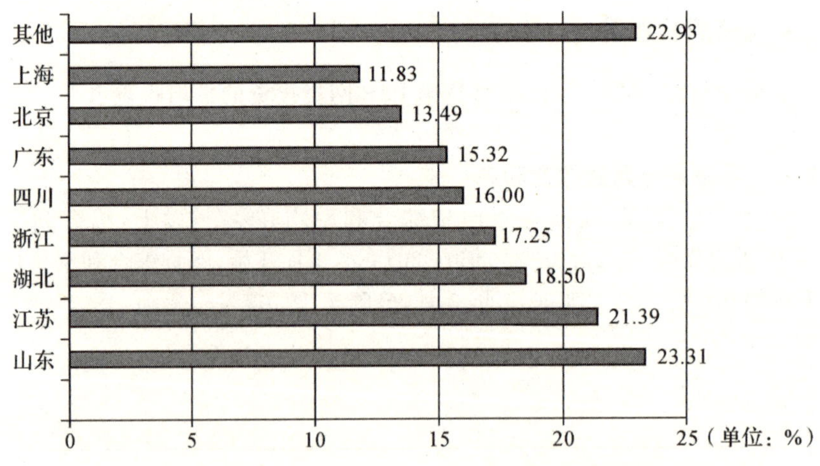

图 1-13　我国 2014 年 12 月各省(区、市)综合利率

1.3.5 网贷借款期限

根据网贷借款期限可以了解我国 P2P 网贷投资期限。

1.3.5.1 我国网贷行业各年平均借款期限

我国网贷行业平均借款期限在 2014 年以前逐年下降，从 6.9 个月降低到 4.73 个月，到 2014 年平均借款期限又上升到 6.12 个月(图 1-14)。不同平台的平均借款期限呈现出很大的不同。

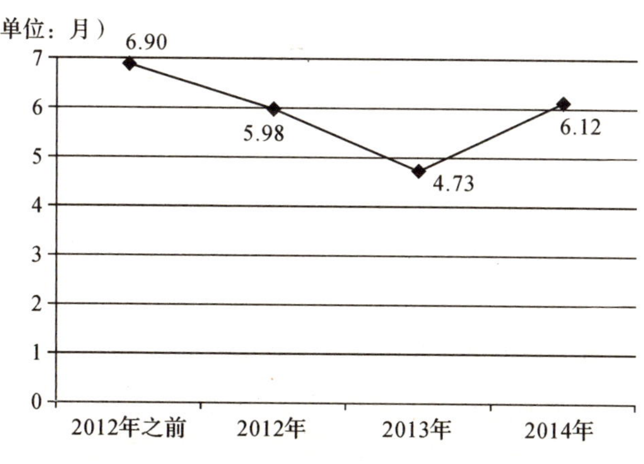

图 1-14 我国网贷行业各年平均借款期限

1.3.5.2 我国网贷行业各平均借款期限平台数量和比例

我们选择了 204 家正常运营的平台，对其加以分析，其中平均借款期限在 12 个月以上的有 12 家，占 5.88%，如陆金所；6 个月到 12 个月的有 25 家，占 12.25%，如翼龙贷；3 个月到 6 个月的有 54 家，占 26.47%，如钱多多；1 个月到 3 个月的有 107 家，占 52.45%，如合拍在线；0 到 1 个月的有 6 家，占 2.94%，如温州贷。我国网贷行业借款期限以 6 个月以下的短期借款为主流。具体如图 1-15 所示。

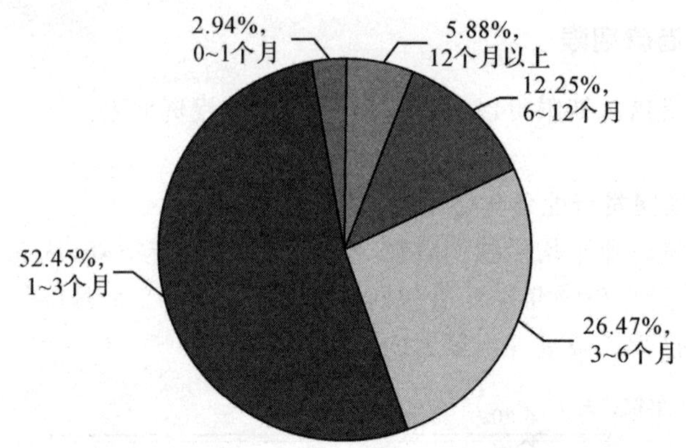

图 1-15 我国网贷行业各平均借款期限平台比例

1.3.6 网贷人气

根据网贷人气可以了解我国 P2P 网贷投资的参与度。

1.3.6.1 我国网贷行业各年投资人数和借款人数

我国网贷行业各年投资人数和借款人数都迅速增长，2014 年网贷行业投资人数和借款人数分别达 116 万人和 63 万人，较上一年分别增加 364% 和 320%。网贷行业具备互联网高效传播属性，另外，平台媒体宣传力度增大，使得越来越多的人参与到网贷行业中，投资人数和借款人数快速增加。但由于发展时间短，网贷行业投资人数总体规模还不大。如图 1-16 所示。

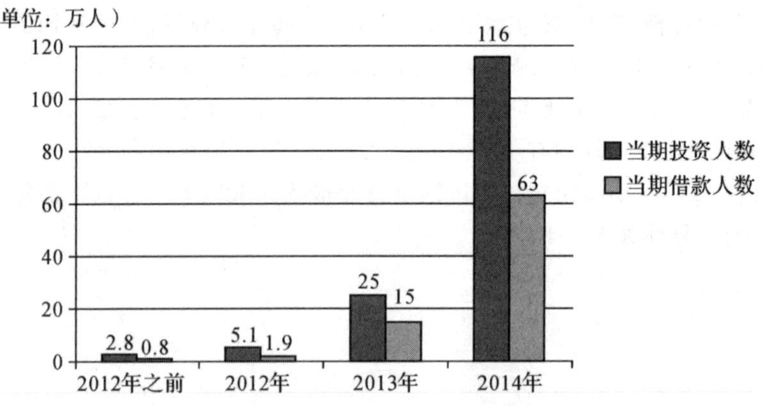

图 1-16 我国网贷行业各年投资人数和借款人数

1.3.6.2 我国网贷行业人均投资金额和人均借款金额

随着参与度的提高，我国网贷行业 2013 年以后人均投资金额和人均借款金额都有所下降，2014 年网贷人均投资金额和人均借款金额分别为 21.79 万元和 40.13 万元。红岭创投、陆金所、鑫合汇等平台是大额投资人的主要聚集地。但 P2P 网贷行业仍以小额投资人和借款人为主体。具体如图 1-17 所示。

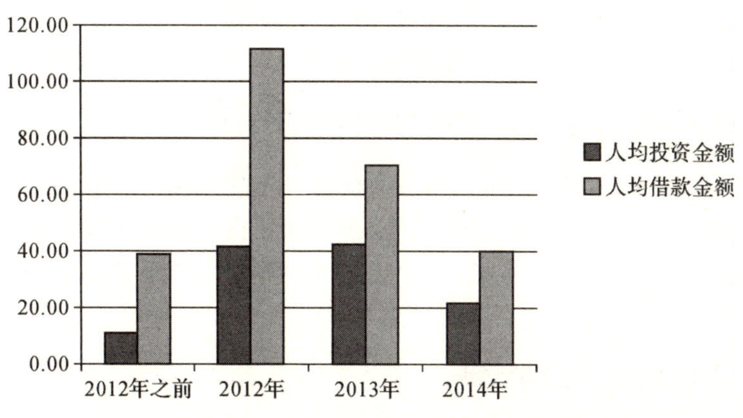

图 1-17 我国网贷行业各年人均投资金额和借款金额

1.4 我国 P2P 网贷行业的未来发展趋势

经过前期的高速发展，我国 P2P 网贷行业的未来将逐步走向规范。

1.4.1 行业监管逐步到位，行业面临快速洗牌

2015 年 1 月 21 日，银监会官网挂出监管架构改革的消息。其中，新成立的普惠金融部，被业内普遍认为将成为未来 P2P 网贷的监管机构。这标志着国内 P2P 网贷行业将从“散兵游勇”逐渐被编制为“正规军”。监管细则也即将出台，P2P 网贷行业洗牌加剧，缺乏核心竞争力和实力的平台将被淘汰。淘汰平台后，纯粹的诈骗平台比例将会下降，而由于竞争力不足退出的平台比例将会提高。

1.4.2 网贷行业逐步正规化，行业发展日渐规范

监管细则落地后，网贷行业将逐步走向规范发展，主要表现在：

(1)担保模式逐渐淡出，风险准备金模式有可能成为主流。

(2)第三方托管取代现在的通道模式、存管模式等成为主流。监管政策明确后，银行将加入托管业务竞争中。

(3)网贷平台和项目信息披露要求加大，透明度提高，或需要定期向监管方提交成交量、利率、逾期率、坏账率等运营数据。

(4)要求网贷平台网站备案，明确行业准入门槛，实行实名制等。

1.4.3 大资金持续注入，强背景和实力平台不断涌现

因为看好 P2P 网贷行业长期发展的前景，国有企业、上市公司、风投企业等各路大资金不断投资于网贷行业，强背景和实力平台不断涌现，提高了行业准入门槛，加剧行业内竞争，使得未来草根民营资金进入该行业变得困难。

1.4.4 行业龙头企业逐渐显现

对于一般的投资人而言，并没有那么多时间和精力，也缺乏足够的专业知识去判断和研究每个 P2P 网贷平台的风控水平、运营状况，分析每一个借款项目的风险。优质网贷平台能够将风险再一次过滤，降低投资整体的风险程度，提高投资人资金安全度。未来实力雄厚、交易量巨大、风控能力强大、信息披露透明的优质网贷平台将进一步走强，龙头企业逐渐显现。

1.4.5 云征信系统建设开始起步

当前个人征信的缺失已成为制约网贷行业进一步做强做大的瓶颈。随着大数据业务的发展，通过网络进行个人信用评级的云征信系统逐步具备实现的可能性。云征信系统仅负责通信、对接，数据控制与管理并未发生转移，解决数据提供方的意愿问题。查询系统不存储数据，减轻系统安全风险，开源的同时重点关注系统安全性及数据安全性。按效果付费，被查询到收费。各平台自行管理自有数据，无须中央数据库，消除不同体量平台数据上传的不公平性。

2 我国个人P2P网贷投资典型平台研究

投资人进行P2P网贷投资前首先要了解网贷平台，我国P2P网贷平台数量众多，行业集中度不高，但一些优质平台已经初现端倪。本章选取“网贷之家”发展指数居前列的五家平台进行研究，为后面开展网贷投资提供参考。

2.1 陆金所 P2P 网贷平台

笔者通过对陆金所网贷平台的考察和投资体验，形成了陆金所平台的考察体验报告。①

2.1.1 平台简介

上海陆家嘴国际金融资产交易市场股份有限公司（简称“陆金所”），是中国平安保险（集团）股份有限公司旗下成员，成立于 2011 年 9 月。

陆金所平台隶属于上海陆家嘴国际金融资产交易市场股份有限公司，结合全球金融发展与互联网技术创新，陆金所致力于为中小企业提供融资新渠道，更为个人提供创新型投资理财服务。

2.1.2 平台风控

平台的风控措施包括：

2.1.2.1 投资保障

第一，国际化专业团队。

陆金所团队成员由全球金融、法律、经济研究和电子商务等领域的专业人士组成，确保国际专业化水准。

第二，以平安集团为后盾，拥有多年综合金融经验。

公司绝对控股股东为世界五百强企业的中国平安集团，具有雄厚实力，并且是国内首家具有金融全业务牌照的金融集团，积累了数十年综合金融行业经验，为陆金所业务开展奠定坚实基础。

第三，三级监管体系。

第一级：陆金所自身的风险管控体系，凝聚了平安多年来开展综合金融的行业经验，从制度、流程、系统等方面全面保护投资人的利益。

第二级：平安集团作为金融集团公司，可以运用完善的内控合规和稽核监察体系对下属子公司交易市场进行严格监督。

---

① 陆金所网站，http://www.lufax.com。

第三级:政府有关部门的严格管理与指导。

第四,多重防护网,防范交易风险。

陆金所平台发布的投资服务都会经过陆金所及专业机构严格的内部审核,同时会寻找第三方担保公司或AA级以上的核心企业提供担保。对一些风险稍大的交易,陆金所还会对投资人和融资人设立更高的审核标准,确保只有合格的投资人和融资人才能参与。

2.1.2.2 资金安全

第一,委托第三方机构对用户账户进行资金管理。

第二,资金只能转到认证及绑定过的银行账户,用户可以实时查询资金账户的详情。

第三,网站采用国际领先的系统加密及保护技术,24小时监控。

第四,内部严格的资金管理流程和完善的安全系统。

陆金所在任何时候都竭力保证客户的个人信息不被擅自或意外取得、处理或删除,采取各种实际措施保证个人信息不会被保管超过合理的期限。

2.1.2.3 数据安全

第一,支持安全套接层协议和128位加密技术。这种加密技术是互联网上保护数据安全的行业标准,当客户在进行会员管理、个人账户管理、充值等涉及敏感信息操作时,信息被自动加密,然后才安全地通过互联网发送出去。

第二,数据安全承诺。采取各种合适的物理、电子和管理方面的措施来保护数据,以实现对数据安全的承诺。

第三,有效避免被篡改以及删除。采用集中的影像存储服务来保证合同等文件信息的存储,可以有效避免被篡改以及删除,并实现永久保存。

第四,数字签名技术。网站之间的页面跳转以及数据的发送采用数字签名技术来保证信息及来源的不可否认性。

2.1.2.4 隐私安全

陆金所收集信息的范围仅限于那些公司认为对了解客户财务需求和开展业务所必需的相关资料;陆金所对客户提供的信息严格保密,除特殊情况外不会向任何外部机构披露;陆金所设有严格的安全系统,以防止任何未经授权的人包括公司的职员获取客户信息;因服务必要而委托的第三方,在得到本公司许可获取客户的个人信息时都被要求严格遵守保密责任。

2.1.3 平台投资信息

- 平均收益:8.15%。
- 投资期限:6 月以上标(97.4%)、4～6 月标(1.3%)。
- 注册资金:83667 万元。
- 自动投标:不支持。
- 债权转让:随时。
- 资金托管:无托管。
- 投标保障:本息垫付。
- 保障模式:融资性担保公司。
- 担保机构:平安融资担保(天津)有限公司(承保 20000 万元)。

2.1.4 平台交易数据

平台交易数据如图 2-1 至图 2-7 所示。

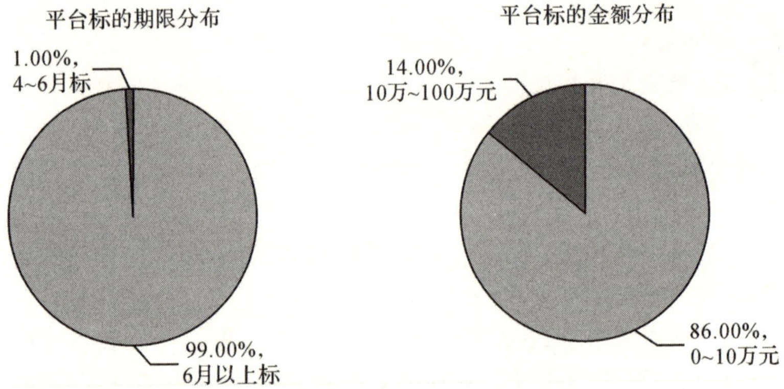

图 2-1 平台标的期限分布和金额分布

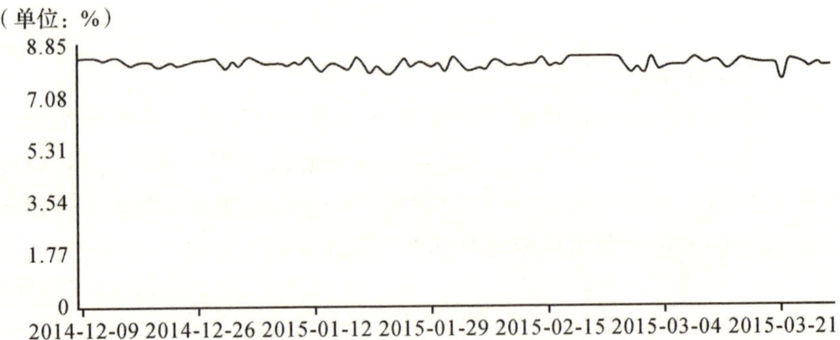

图 2-2 平台利率走势

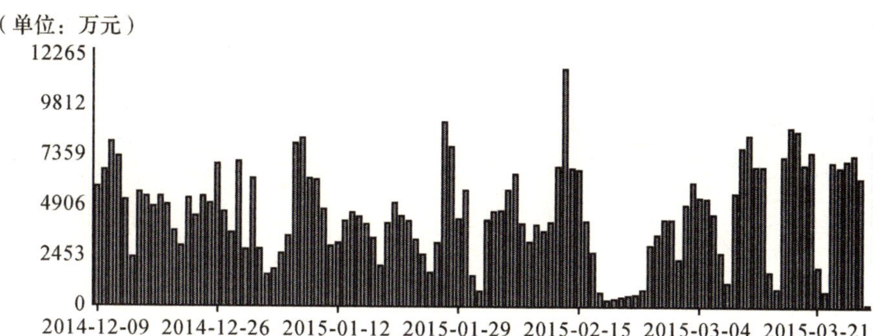

图 2-3 平台成交量走势

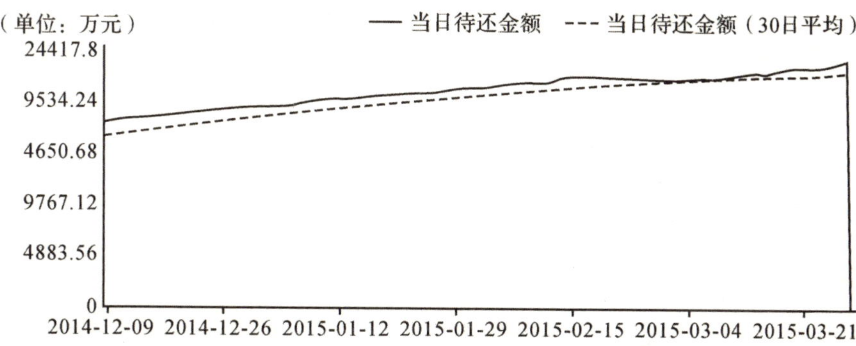

图 2-4 平台待还金额走势

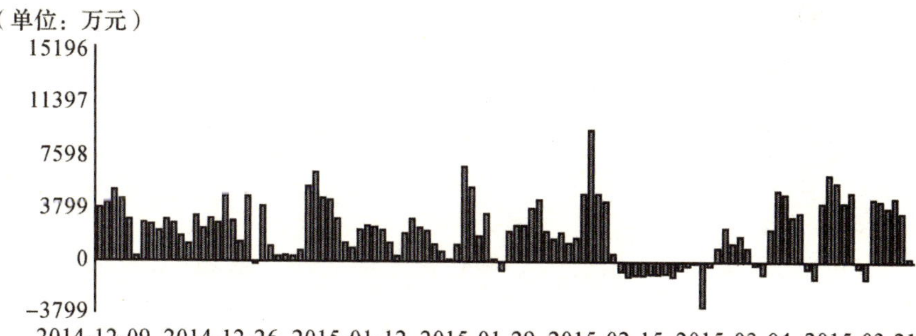

图 2-5 平台资金净流入变动

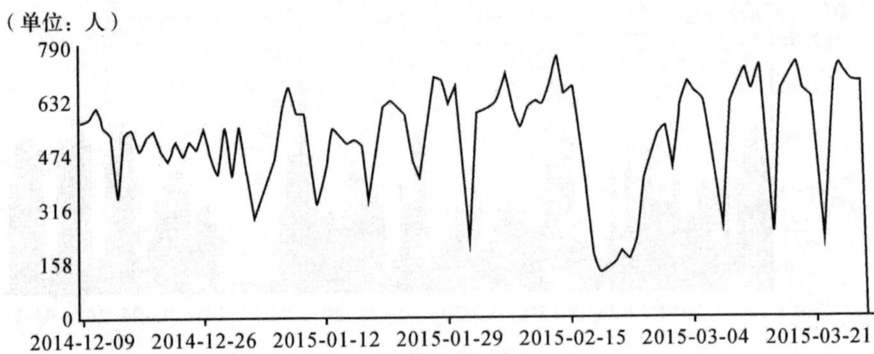

图 2-6 投资人数走势

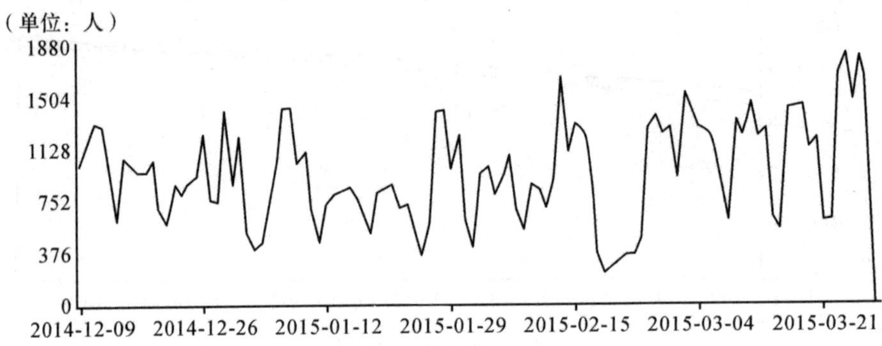

图 2-7 借款人数走势

2.1.5 平台投资体验

通过对该平台的实际投资，形成平台投资体验报告。

2.1.5.1 注册

(1)需要手机验证，银行卡小额转账才能完成注册，较安全，但也相对麻烦。

(2)银行卡认证送 30 个陆金币，首次投资送 50 个陆金币，陆金币可抵扣投资金额，但陆金币可投资项目投资起点很高，对大部分中小投资人没有用处。

2.1.5.2 充值

(1)充值需要手机动态码验证,只能从绑定银行卡充值,较安全。

(2)无充值费。

2.1.5.3 提现

(1)只能提现到认证和绑定过的银行卡,比较安全。

(2)无提现费用。

(3)提现资金到账时间为 1~2 个工作日,比较快捷。

2.1.5.4 投资

(1)投资产品种类较多,有较多的保险理财产品。

(2)无交易手续费。

(3)投资综合利率 5.5%~8.5%,收益很低。

(4)投资期限很长。

2.1.5.5 变现

变现通过转让实现。

2.1.5.6 账户余额站岗

资金站岗时间较长,无余额生息项目。

2.1.5.7 安全保障

(1)无第三方资金托管。

(2)第三方担保公司或企业担保。

(3)公司控股股东平安保险实力雄厚。

2.1.5.8 平台服务

(1)平台服务电话接通不太顺畅。

(2)投资成功有短信通知,项目到期无短信通知。

2.2 人人贷网贷平台

笔者通过对人人贷网贷平台的考察和投资体验，形成了人人贷平台的考察体验报告。[①]

2.2.1 平台简介

人人贷商务顾问(北京)有限公司成立于2010年，是一家集金融信息服务及互联网技术应用于一身的创新型公司，注册资本金1亿元。旗下的人人贷网站是国内领先的P2P网络信贷服务平台。人人贷为有资金需求和理财需求的个人搭建了一个诚信、透明、公平、高效、创新的网络互动平台。用户可以在人人贷上获得信用评级、发布借款请求以满足个人的资金需要；也可以把自己的闲余资金通过人人贷出借给信用良好有资金需求的个人，在获得良好的资金回报率的同时帮助了他人。

2.2.2 平台风控

作为一家互联网金融公司，人人贷一直将严守风险控制作为经营发展的第一要义。每一笔借款都要经过前期的严格审核，采用人工审核、实地辅助、数据分析相结合的方式，从借款人的信用习惯、收入与资产、社交习惯等情况入手，对借款人的信用情况进行综合评估，给予借款人相应的信用级别及借款额度。同时，人人贷以自身审核经验、借款人的还款数据为基础，结合国内外个人信用风险管理领域的先进经验，初步开创了借款人行为预测与评分模型，向数据化审核的方向迈出了坚实的一步，使审核的有效性及产品的安全性得到显著提高。

2.2.3 平台投资信息

- 平均收益：12.29%。
- 投资期限：6月以上标(95.8%)、4～6月标(3.7%)。
- 注册资金：1亿元。

---

① 人人贷网站，http://www.renrendai.com。

- 自动投标：支持。
- 债权转让：3 个月。
- 资金托管：无托管。
- 投标保障：逾期 30 天，信用认证标垫付本金，其他标垫付本息。
- 保障模式：平台垫付、风险准备金（4332 万元）。

2.2.4 平台交易数据

相应的平台交易数据如图 2-8 至图 2-14 所示。

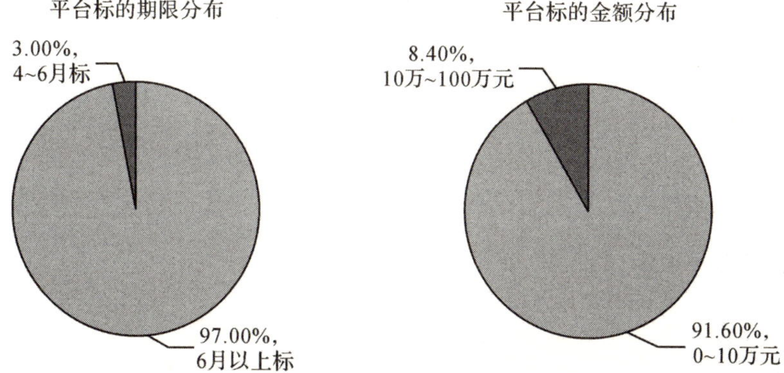

图 2-8　平台标的期限分布和金额分布

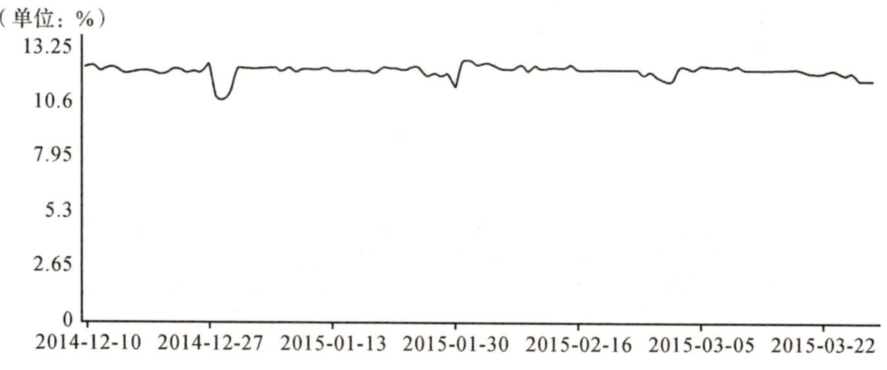

图 2-9　平台利率走势

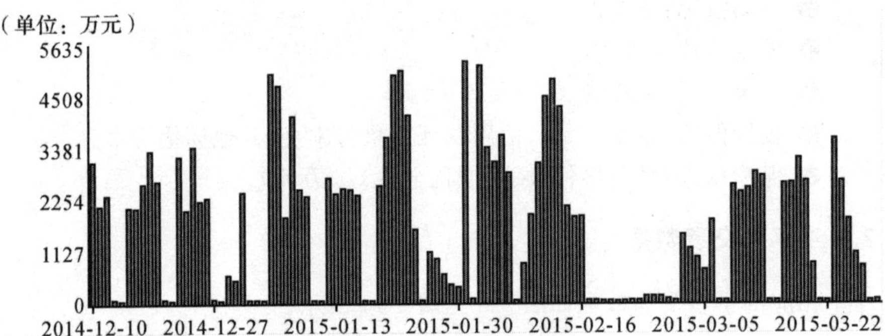

图 2-10　平台成交量走势

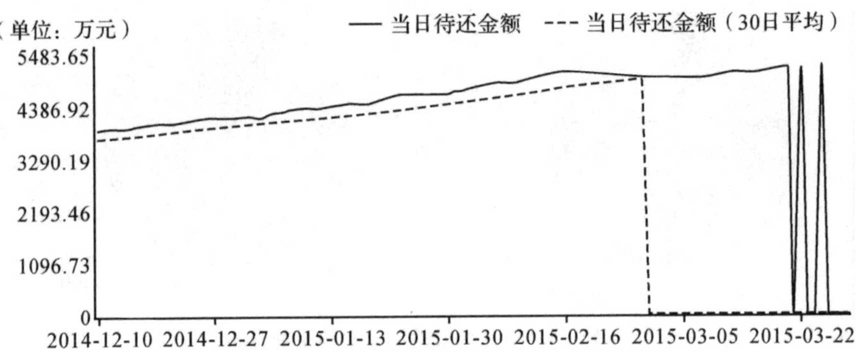

图 2-11　平台待还金额走势

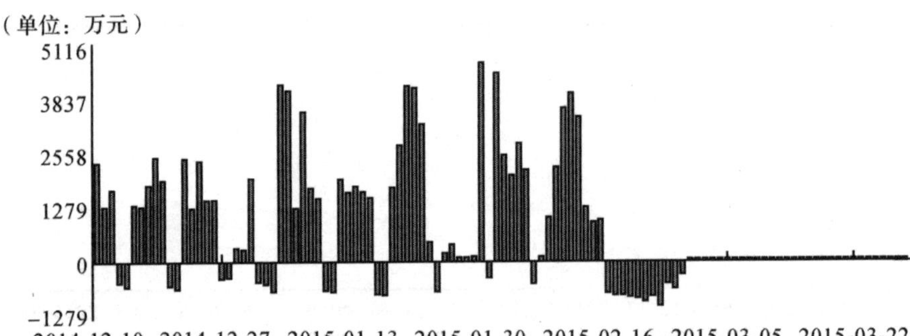

图 2-12　平台资金净流入

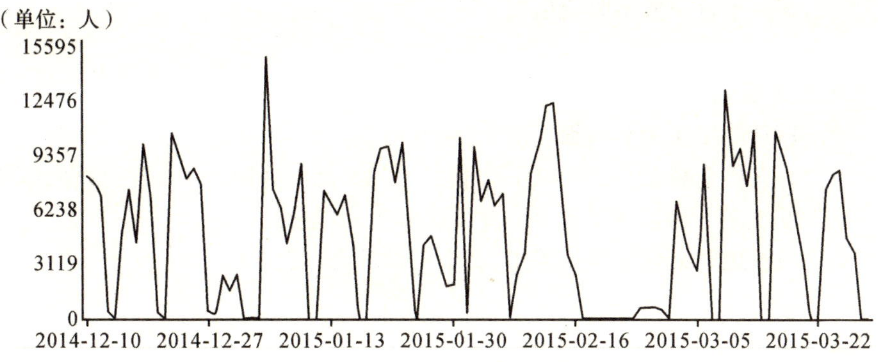

图 2-13 平台投资人数走势

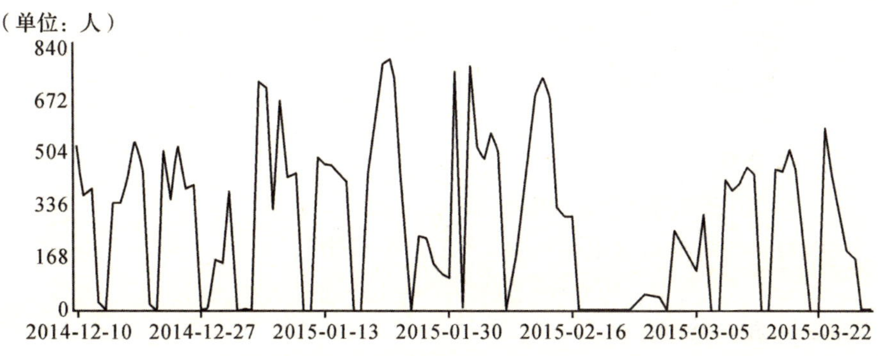

图 2-14 平台借款人数走势

2.2.5 平台投资体验

通过对该平台的实际投资，形成平台投资体验报告。

2.2.5.1 注册

（1）需要手机验证，比较安全。

（2）注册送充值优惠券，活动力度小。

2.2.5.2 充值

（1）充值需要手机动态码验证，可以通过多种渠道充值，比较方便。

（2）充值费用按充值金额的 0.5%由第三方平台收取，上限 100 元，超出部分由人人贷承担。在充值时，用户也可以使用免费充值券，抵去该笔充值费用，其他平台一般不收充值费。

2.2.5.3 提现

(1)只能提现到本人银行卡，比较安全。

(2)充值金额在 2 万元以下收取 1 元/笔，充值金额在 2 万～5 万元收取 3 元/笔，充值金额在 5 万～100 万元收取 5 元/笔。

(3)提现资金到账时间为 1～2 个工作日，比较快捷。

2.2.5.4 投资

(1)投资产品包括固定期限 U 计划、散标和债券转让。

(2)无交易手续费。

(3)投资综合利率 6%～13%，收益一般。

(4)投资期限中等。

2.2.5.5 变现

(1)变现通过提前退出和债权转让实现。

(2)U 计划提前退出要收取 2%的退出费用。

2.2.5.6 账户余额站岗

资金站岗时间较长，无余额生息项目。

2.2.5.7 安全保障

(1)无第三方资金托管。

(2)平台每笔借款成交时，提取一定比例的金额放入“风险备用金账户”。借款出现严重逾期时(即逾期超过 30 天)，信用认证标垫付本金，其他标垫付本息。

2.2.5.8 平台服务

(1)平台服务电话畅通。

(2)项目到期无短信通知。

2.3 红岭创投网贷平台

笔者通过对红岭创投网贷平台的考察和投资体验，形成了红岭创投平台的考察体验报告。①

2.3.1 平台简介

红岭创投网站隶属于深圳市红岭创投电子商务股份有限公司。红岭创投电子商务股份有限公司经深圳市工商局登记注册，于 2009 年初成立，注册资本人民币 5000 万元（实收）。

2.3.2 平台风控

2.3.2.1 成为 VIP 会员 100%本金先行垫付保障

注册会员并通过实名认证即可申请加入 VIP 会员。VIP 会员在平台所有投资均享受本金先行垫付保障。如借款方到期未还款，平台将全额垫付。

2.3.2.2 银行资金存管交易安全有保障

红岭创投与平安银行签署《全面金融服务战略合作协议》，是行业首家签约并即将实现银行资金存管的平台，届时用户资金将专户专款专用，保障资金与交易安全。

2.3.2.3 风险准备金不断增长为客户投资保驾护航

从 2014 年 3 月起，启动风险准备金计划，初始准备金 5000 万元人民币，每日按成交金额新增 1.2%年化计提准备金，风险准备金数据将实现每日更新首页公布。

2.3.2.4 完善的风控体系，规范的项目审核

完整审核材料：借款申请必须提交银行流水、征信报告、还款来源证明等多项必需材料。

---

① 红岭创投网站，http://www.my089.com。

实地项目考察:项目借款均须经过深圳总部风控部门实地考察。

还款保障措施:大额项目借款人通过股权质押、房产抵押等形式提供还款保障。

风控比肩银行:红岭创投在业内一直以风控能力著称,累计 50 亿元成交额,坏账率不足 1%。

2.3.2.5 网上安全交易个人隐私保障

安全交易:账户交易将经由战略合作银行进行资金存管。

信息安全:先进的互联网安全技术保护每一位投资人的账户信息与交易记录。

隐私保障:红岭创投严格遵守国家相关法律法规,严格保护用户隐私信息。

2.3.2.6 法律法规保障保护投资人权益

每一笔借款均有借款协议,受到法律保护。专业的法律团队与催收团队保障借款合同依法执行。

2.3.3 平台投资信息

- 平均收益:15.02%。
- 投资期限:1 月标(84.1%)、天标(12.7%)等。
- 注册资金:5000 万元。
- 自动投标:支持。
- 债权转让:随时。
- 资金托管:无托管。
- 投标保障:VIP 100%本金保障,非 VIP 享受 50%本金垫付。
- 保障模式:风险准备金(8000 万元)。

2.3.4 平台交易数据

相应的平台交易数据如图 2-15 至图 2-21 所示。

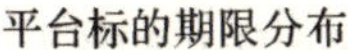

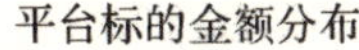

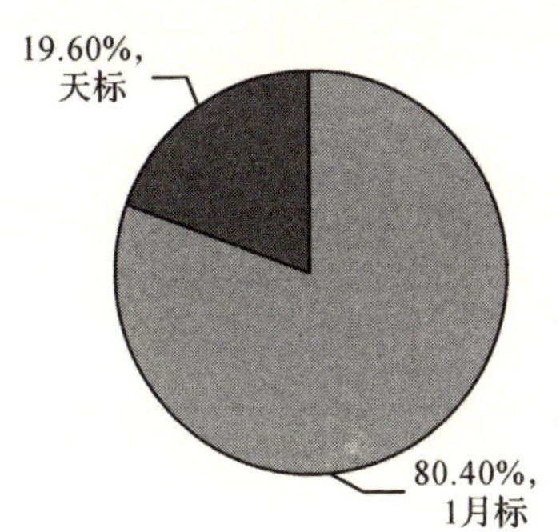

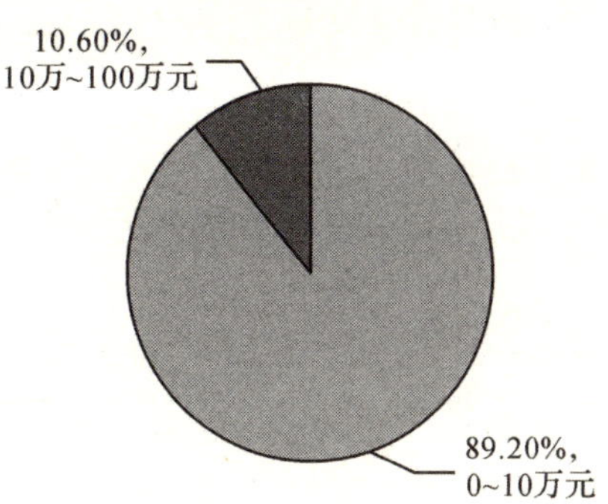

图 2-15 平台标的期限分布和金额分布

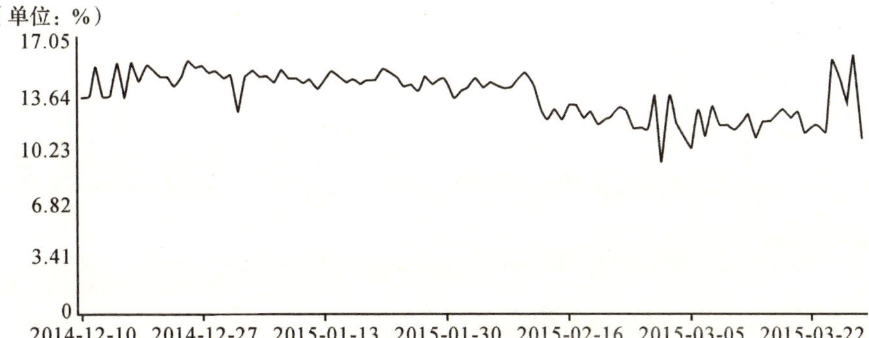

图 2-16 平台利率走势

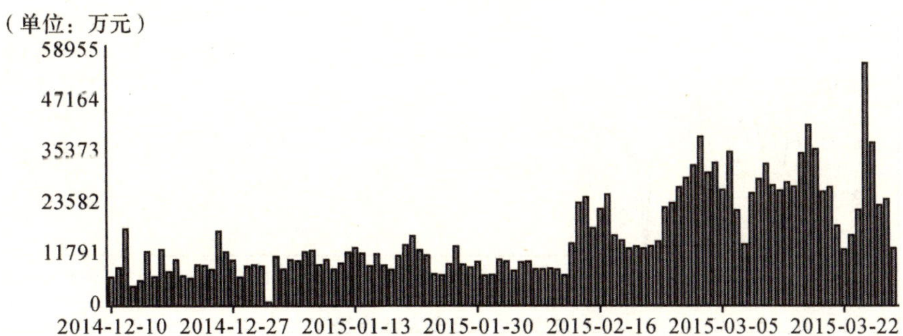

图 2-17 平台成交量走势

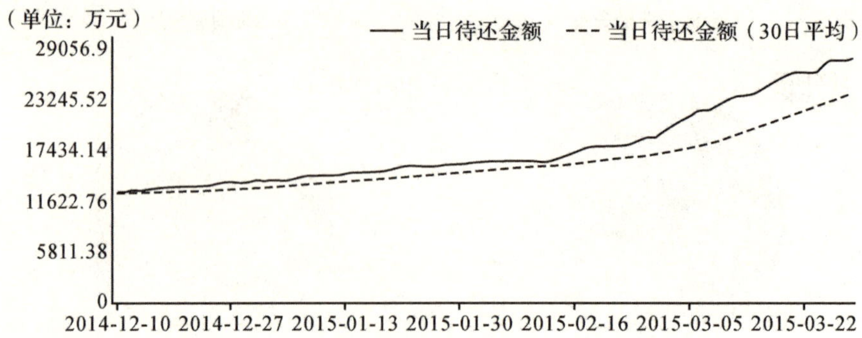

图 2-18 平台待还金额走势

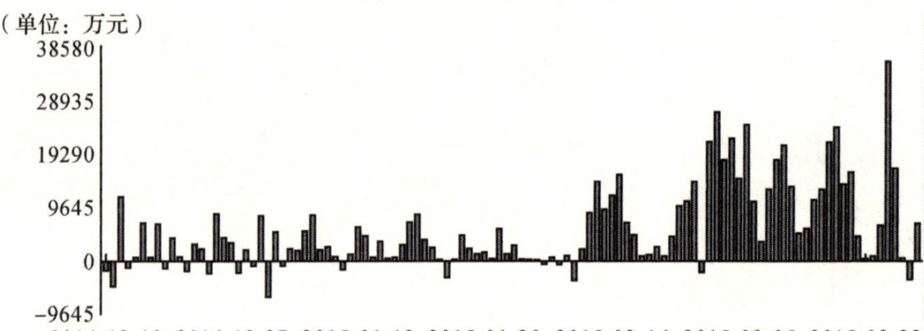

图 2-19 平台资金净流入

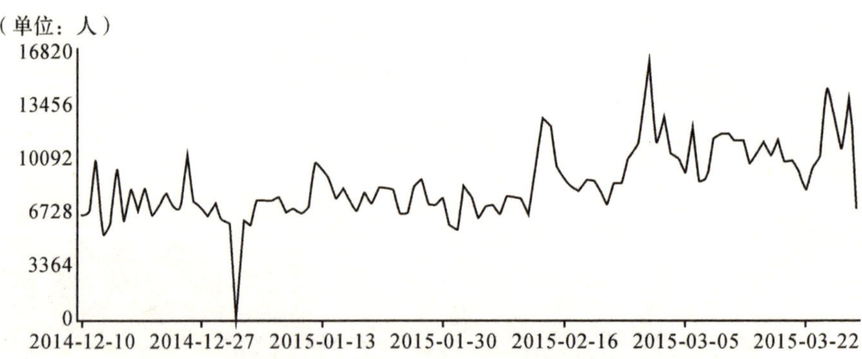

图 2-20 投资人数走势

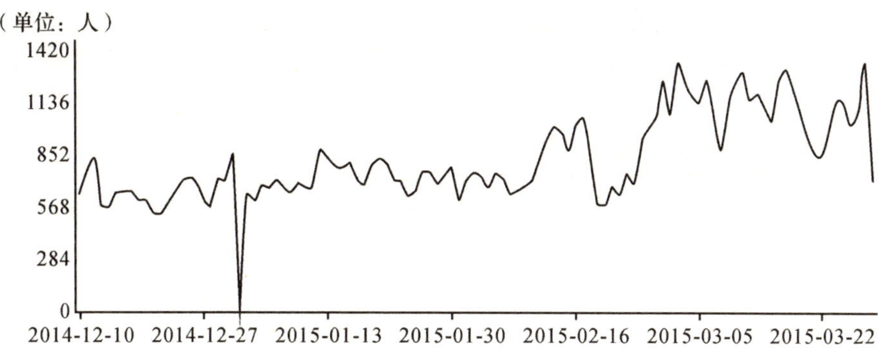

图 2-21 借款人数走势

2.3.5 平台投资体验

通过对该平台的实际投资，形成平台投资体验报告。

2.3.5.1 注册

（1）注册不需要手机验证，但注册后要绑定手机。

（2）注册无活动。

2.3.5.2 充值

（1）可以采用多种方式充值，比较方便。

（2）充值不收取费用。

2.3.5.3 提现

（1）提现银行账户须与实名认证身份一致，新增提现银行账户须通过短信验证或人工审核后才能用于提现，比较安全。

（2）每次提现金额允许范围为 100～100 万元；小于等于 5 万元的提现按每笔 5 元收费，大于 5 万元的提现系统将自动按 5 万元拆分成多笔计算收费，同一账户每天提现总额无限制。提现费用收取规则如表 2-1 所示。

表 2-1 提现费用收取规则

资金来源	时间	每 5 万提现费
充值的资金经投资回款后提现	不限	5 元/笔

续 表

资金来源	时间	每5万提现费
充值的资金未经投资提现	资金在网站时间大于5日	5元/笔
充值的资金未经投资提现	资金在网站时间小于等于5日	5元/笔+0.3%手续费

(3)周一到周五提现受理时间为09:00～17:00,周六提现受理时间为09:00～16:00;一般情况下招、交、农、建、工行等银行提现审核后24小时内到账,其他银行1～3个工作日到账(节假日除外),提现比较快捷。

2.3.5.4 投资

(1)投资产品均为企业和个人发布的借款项目,种类较多。

(2)投资综合利率6%～18%,收益中等。

(3)投资期限长短项目均有。

(4)用户成功投标后,在借款用户还款时,网站将按投资人利息收益的一定比例收取投资服务费,收取比例按照用户投标后的积分等级执行。按天一次性还款标的不收取投资人的投资服务费。收费细则如表2-2所示。

表2-2 收费细则

级别	积分	投资服务费比例
V1	V1≤5000	10%
V2	5000<V2≤20000	8%
V3	20000<V3≤50000	5%
V4	50000<V4≤100000	2%
V5	V5>100000	0%

2.3.5.5 变现

(1)变现通过债权转让实现。

(2)目前仅开放还款方式为按月到期或按天计息到期的快借标的债权转让,债权转让功能仅限VIP用户。

(3)任一笔债权转让成功,平台将收取转让服务费,该费用将从转让金额中实际扣除。转让服务费率如下:债权已持有90天(含)以内,转让服务费率为1%;债权已持有超过90天,转让服务费率为0.5%。债权转让费用不高，但转让限制较多。

2.3.5.6 账户余额站岗

(1)资金站岗时间较长。

(2)自2014年12月1日起，投资人账户按可用余额(超过100元)计送红币，按年化3%计息。

2.3.5.7 安全保障

(1)采用银行资金存管，无第三方资金托管。

(2)投标保障VIP 100%本金保障，非VIP享受50%本金垫付，成为VIP会员需要缴纳180元的费用。

(3)2014年3月起启动风险准备金计划，初始准备金5000万元人民币，每日按成交金额新增1.2%年化计提准备金，风险准备金数据每日更新在网站首页公布。

2.3.5.8 平台服务

(1)平台服务电话畅通，服务较好。

(2)平台论坛活跃。

2.4 有利网网贷平台

笔者通过对有利网网贷平台的考察和投资体验，形成了有利网平台的考察体验报告。[①]

2.4.1 平台简介

有利网是国内专业的互联网P2P理财平台，50元起即可投资，大型机构担保项目，期限1个月到36个月随心选，支持提前赎回，退出灵活；项目多级风控审核，自动投标，省心省力，上线至今已获两轮融资，投资额已突破60亿元人民币。

---

① 有利网网站，http://www.yooli.com。

2.4.1.1 有利网经营模式

有利网的商业模式是在线上对接有投资理财需求的投资人，线下与全国领先的小贷机构达成合作，小贷机构则承担着对借款人的实地考察、征信、初步信用评估及贷后管理等工作。合作的小贷机构将筛选出优质的借款人推荐给有利网。有利网作为一家 P2P 投资理财平台，仅提供信息服务，不介入交易环节，是纯信息中介平台。

有利网与全国最大的三家小额贷款机构：中安信业、证大速贷和金融联（合作机构）达成了战略合作。合作机构将利用其遍及全国的营业网点开发优质的借款客户，并在审核完成后推荐给有利网平台。所有由合作机构推荐的借款客户的按时还本付息均由合作机构 100％担保。收到合作机构推荐的借款项目后，有利网将利用世界最大的信用审批服务商费埃哲（FICO）授权的个人信用审核评分卡和策略引擎，对借款项目进行二次审核。

2.4.1.2 有利网产品类型

（1）定存宝。

包含 1～12 个月不同期限的定期理财计划，每月获得利息收益，到期收回本金，只需确定加入金额，系统会自动匹配投资项目。

（2）月息通。

投资者自主选取理财项目，每月获得等额的本金和利息，随时可以赎回。

2.4.1.3 有利网收益水平

有利网平均收益水平为银行存款利息的 30 倍，投资基点 50 元起步。没有大金融机构高昂的成本，平台把收益更多地留给了投资人。小额、短期的特点决定了可靠的借款项目可以承受较高的借款利息。小微商户的借款需求远超银行供给，借款利率高于银行利率。

2.4.2 平台风控

2.4.2.1 业务模式——分散是关键

开创金融行业贷款额度控制之最，合作担保机构及有利网保证金有充足能力对突发意外损失进行实时代偿。借款方地域、行业、人群特征均非常分散。一对多的交易机制也能充分、有效分散风险。

2.4.2.2 机构合作——全面控制源头风险

有利网选择与全国领先的机构合作，信贷质量最好，受地方金融办监管，目前的坏账率不超过 1%。有利网有完善的合作机构评估体系，用于贷前机构筛选，包括定性评估和定量评估。有利网通过与多家小额贷款机构的对接，逐步形成一套“定性＋定量”的小额贷款机构评价体系。

2.4.2.3 项目审核——双重审核七道工序

小额贷款机构与有利网对每个借款项目经过七重严格审核。

（1）小额贷款机构针对每笔借款，进行线下实地考察，对借款人信息进行交叉验证以及真实性验证。

（2）审核材料，包括借款人银行流水、征信报告、财产证明、房产证明、工作证明等 15 种必备材料的审核。

（3）借款人及联系人背景的详尽调查。借款人需要提供 3 个联系人，均由小贷公司和借款人电话核实。

（4）借款人还款能力评估。通过上述三项审核（尤其是前两项）还原借款人真实的月净现金流。

通过上述四重审核后，该借款人被推荐到有利网，有利网风控团队根据自身的风控标准对借款人进行二次审核。

（1）再次审核借款资料，以保证合作机构提供的借款真实可信。确认其身份、联系人、还款能力，根据客户的身份信息检索反欺诈数据库及法院被执行人记录。

（2）FICO 评分。使用与世界最大的信用评分机构美国费埃哲（FICO）联合开发的信用评分卡及决策引擎对借款人进行 FICO 评分，考核借款人四大类 14 项的信用信息（包括个人信息、征信信息、财产信息、工作信息）以保证每笔借款都是优质的。

（3）黑名单管理。借款人黑名单动态数据管理。

2.4.2.4 资金保护——本息保障制度

合作机构为其推荐的每一笔借款提供 100%连带责任担保，进行全额赔付。截至 2014 年 12 月 31 日，合作机构逾期率不超过 1%，其本身的收益能够覆盖风险。合作机构本身的杠杆很低，与有利网合作产生的收益同样可以覆盖风险。有利网要求合作机构提供保证金，一旦合作机构无法代偿，有利网会启动保证金进行代偿。若保证金也不能覆盖风险，借款合同仍然有效，有利网会协助投资人通过法律程序解决违约问题。

2.4.2.5 网站建设——银行级别的投资保障

(1)资金安全。

有利网与招商银行达成合作关系，招商银行成为有利网的第三方账户保管银行，招商银行的保管账户可以对资金流出进行管理，由招商银行对账户资金进行落地审查，确保投资人的资金安全。

(2)数据安全。

有利网 IT 团队来自国内各大银行，在信息安全和数据安全方面有着非常丰富的经验；三层防火墙隔离系统的访问层、应用层和数据层集群；有效的入侵防范及容灾备份，确保交易数据安全。

(3)隐私安全。

有利网上所有的隐私信息都经过 MD5 加密处理，防止任何人包括公司员工获取用户信息。有利网在任何情况下都不会出售、出租或以任何其他形式泄露客户信息。

2.4.3 平台投资信息

- 平均收益：9.98%。
- 投资期限：6 月以上标(94.6%)、4～6 月标(3.0%)等。
- 注册资金：1700 万元。
- 自动投标：支持。
- 债权转让：随时。
- 资金托管：无托管。
- 投标保障：全部本息保障。
- 保障模式 ：小贷公司、融资性担保公司。
- 担保机构：中安信业(承保 1.2 亿元)。
- 业务类型：信用(100%)。

2.4.4 平台交易数据

相应的平台交易数据如图 2-22 至图 2-28 所示。

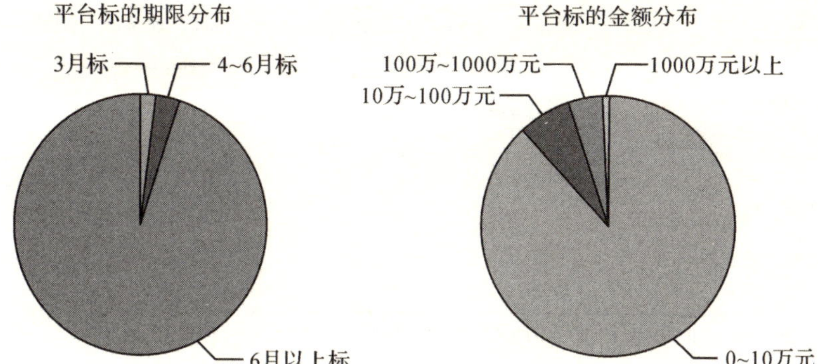

图 2-22 平台标的期限分布和金额分布

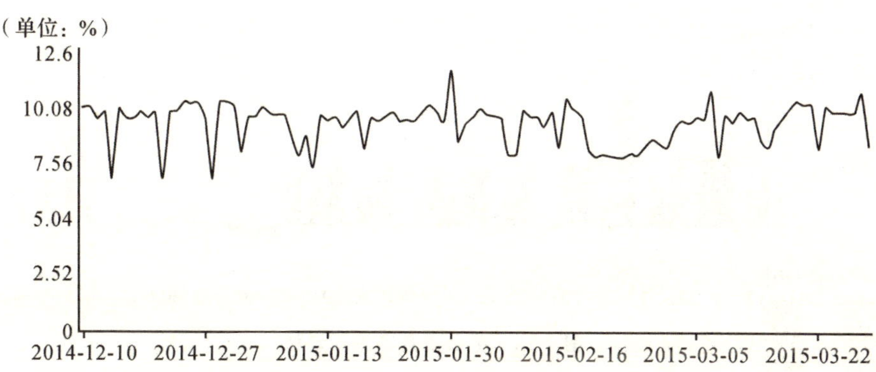

图 2-23 平台利率走势

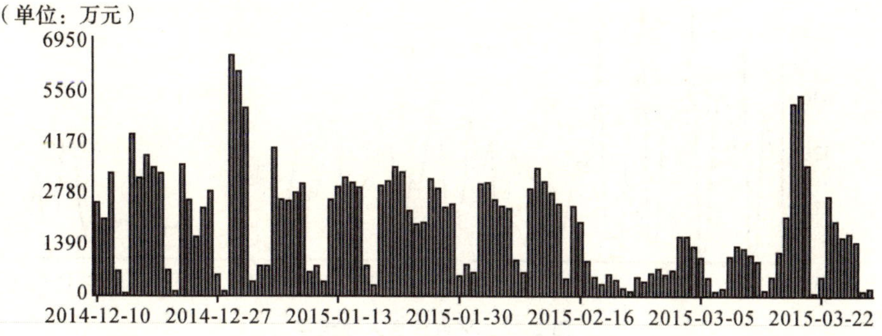

图 2-24 平台成交量走势

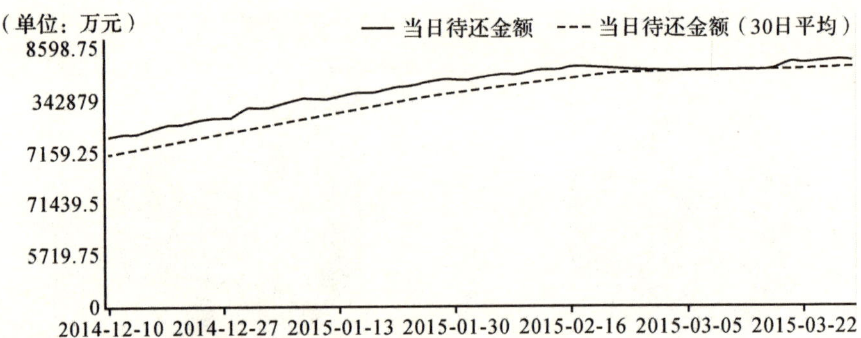

图 2-25 平台待还金额走势

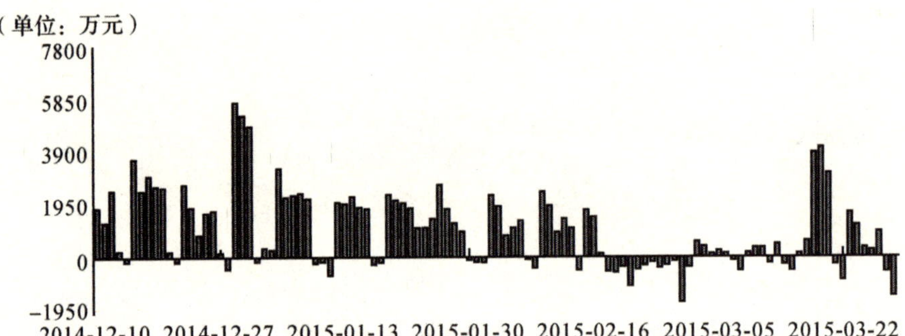

图 2-26 平台资金净流入走势

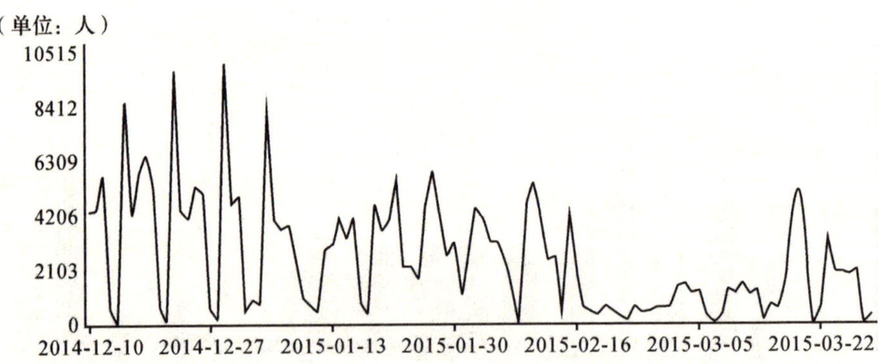

图 2-27 平台投资人数走势

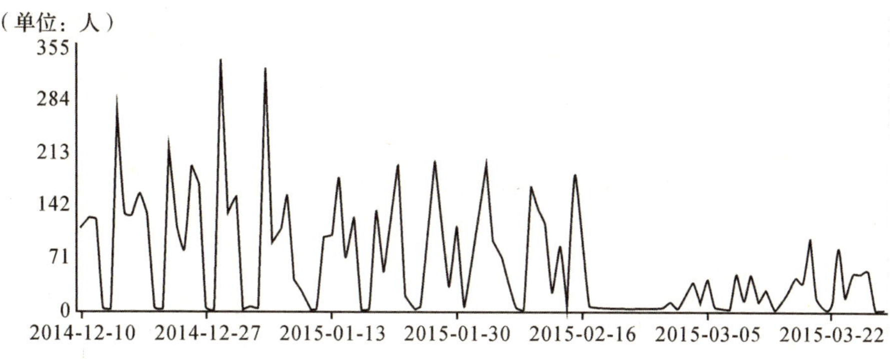

图 2-28 平台借款人数走势

2.4.5 平台投资体验

通过对该平台的实际投资，形成平台投资体验报告。

2.4.5.1 注册

(1)需要手机验证，可短信或语音获取验证码，比较安全。

(2)注册送 40 元红包，充值再送 10 元红包，可抵扣 1%投资金额，奖励力度中等。

2.4.5.2 充值

(1)可以用不同的卡充值，比较方便。

(2)无充值费。

2.4.5.3 提现

(1)提现银行卡开户名必须与有利网账户实名认证一致，比较安全。

(2)提现处理时间为 1 个工作日(双休日或法定节假日顺延)。

(3)完成投资后收到的正常回款(本息)、提前回款(本息)、卖出债权回款将计入免费提现额度，未投资金不计入免费提现额度。申请提现的金额，超出可免费提现额度的部分将从提现金额中收取 0.25%的手续费，审核后返还至提现返还红包，下次投资时可使用该红包充抵投资金额，使用额度为投资金额的 0.25%。提现成本总体较低。

2.4.5.4 投资

(1)各类产品在规定时间发布,产品很热门,产品金额相对客户需求太少,抢到较为困难,需要提前预约,资金站岗时间较长。

(2)会出现充值后无法投资,直接取现收取的手续费以红包形式返还,账户中会有余额无法取出。

(3)无交易手续费。

(4)投资综合利率 7.5%~12.5%,收益中等,投资即开始计息。

(5)投资项目主要为平台发布的定期产品,期限较长。

2.4.5.5 变现

(1)变现通过提前赎回实现,赎回费率为 2%,赎回费用较高。

(2)在 19:30 前提交的申请,平台在 T+1 工作日内受理并确认;在 19:30以后提交的申请,平台在 T+2 工作日内受理并确认。提前赎回申请确认后,一般在确认日的次工作日完成赎回,赎回速度较快。

2.4.5.6 账户余额站岗

有余额生息项目,年收益 5.7%左右。

2.4.5.7 安全保障

(1)无第三方资金托管。

(2)合作机构为其推荐的每一笔借款提供 100%连带责任担保,进行全额赔付。

(3)合作机构提供保证金,一旦合作机构无法代偿,有利网会启动保证金进行代偿。

2.4.5.8 平台服务

(1)平台服务电话接通顺畅,电话服务到位。

(2)投资成功和项目到期均无短信告知。

2.5 积木盒子网贷平台

笔者通过对积木盒子网贷平台的考察和投资体验，形成了积木盒子平台的考察体验报告。①

2.5.1 平台简介

积木盒子是一个面向个人投资人的理财融资平台。平台主打优质理财，主要提供平均年化13%的稳健型理财产品。所有投资产品均为融资担保机构全额本息担保标和实地调查认证标。平台由北京乐融多源信息技术公司运营。

积木盒子将有融资需求的借款人与有富余理财资金的投资人进行在线信息配对，一端帮助投资人寻找到风险收益均衡的理财产品，另外一端帮助有良好资质的中小企业解决融资难的问题。积木盒子所有理财产品都为机构担保加实地认证标，融资项目均是实际的中小企业融资项目。

2.5.2 平台风控

积木盒子主要拥有四项安全保障制度。

2.5.2.1 保障1：本息担保

积木盒子通过稳健型的收益/风险控制制度来对投资人的投资进行全额本息担保，风控制度层层独立。

保证金/风险金制度：保证金即为通俗意义上的押金。保证金全部为实物抵押，由第三方机构进行独立监管。

全额本息担保：积木盒子委托了大型融资担保公司对积木盒子投资人的资金进行全额本息担保。

第三方担保：即企业互保制度。除去融资担保公司的本息担保，所有融资项目都被额外要求提供独立第三方的担保。第三方担保的资质和风险会经过积木盒子审查。融资项目必须拥有一定的信誉、实力和可控的预期，才

① 积木盒子网站，https://www.jimubox.com。

能得到双重担保。

收益模型:积木盒子金融团队使用的收益模型属于稳健型。模型经历了 4 年国内本土化运营验证,应用到了 600 多个企业的 60 多亿元的贷款项目中,成功率为 99.5%。

2.5.2.2 保障 2:项目审核

一个项目在被发布之前,需要经过三道审查。

第一步:实地调查。所有的积木盒子平台融资项目都要经过实地尽职调查,尽职调查由第三方专业机构执行。调查报告的数据由实地调查数据、人民银行征信系统数据、公安部居民身份系统数据、国防部安全信息系统数据、税务系统数据、海关系统数据、工商局系统数据、车辆管理系统数据、房屋管理系统数据等组成。调查结果可用于金融机构的风险定级。

第二步:风险评估。取得调查数据后,积木盒子和一家独立的第三方专业机构对项目进行双重风险评估。

第三步:融资规划。积木盒子会应用收益模型分析项目能否实现预期。项目在收益和风险上都符合了优质理财的标准后,会被投放到平台供投资人选择。

2.5.2.3 保障 3:法律合规

积木盒子聘用专业律师事务所做法律顾问。法律顾问从服务合规性、政策走向等多方面提供法律意见,保障融资方式、平台和项目的合法性。

一切合同和规章制度都由法律顾问和专业的金融机构一同起草,保证投资人在平台上的所有操作都合法。法律顾问可为投资人的合法权益提供法律担保。当项目或者投资人利益受损时,法律顾问可以提供相应的法律援助。

2.5.2.4 保障 4:信息披露

积木盒子采用了真实、透明、平等的融资信息披露制度,融资信息和资金流转信息全透明化。

资金流转不过平台,平台没有任何资金支配权限。资金的流转(包括线上支付和提现)全部在第三方支付平台实现,第三方银行进行对资金流转的监管。

资金的所有流转使用信息在投资后都可查,项目拥有上市公司般的信息透明度，投资人拥有最完整的知情权。

所有尽职调查信息都在平台公开，投资人在投资前、投资后都可以申请查询。

2.5.3 平台投资信息

- 平均收益：11.89%。
- 投资期限：6 月以上标(61.6%)、2 月标(6.7%)等。
- 注册资金：2400 万元。
- 自动投标：不支持。
- 债权转让：3 个月。
- 资金托管：无托管。
- 投标保障：本息保障。
- 保障模式：融资性担保公司、非融资性担保公司、风险准备金。
- 担保机构：云南中铭融资担保有限公司(承保 3.1 亿元)、北京中升德亿投资担保有限公司(承保 1 亿元)、河北融投担保集团有限公司(承保 25.6 亿元)、云南同展融资担保有限公司(承保 1 亿元)。

2.5.4 平台交易数据

平台交易数据信息如图 2-29 至图 2-34 所示。

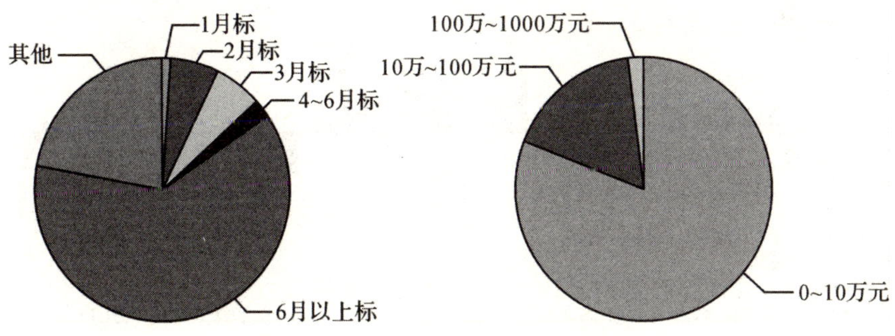

图 2-29 平台标的期限分布和金额分布

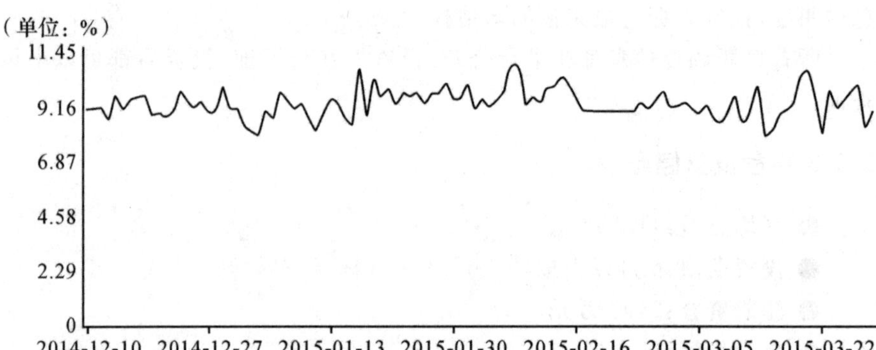

图 2-30 平台利率走势

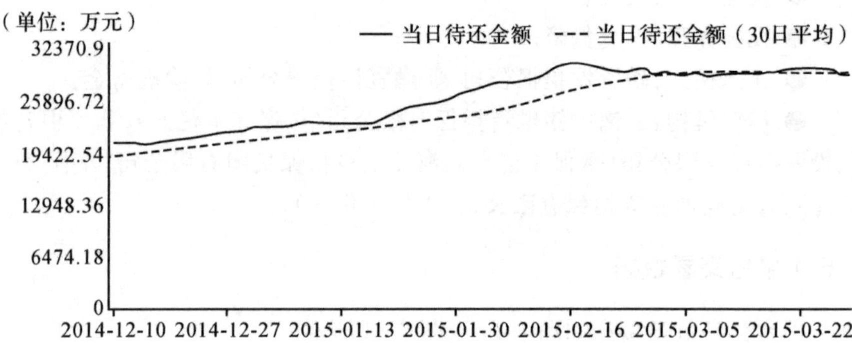

图 2-31 平台待还金走势

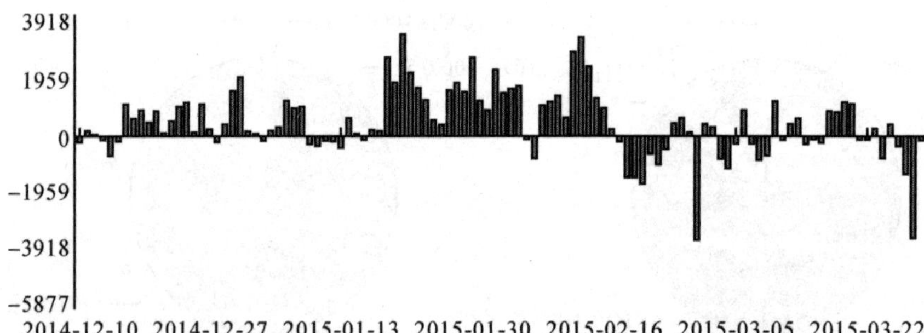

图 2-32 平台资金净流入走势

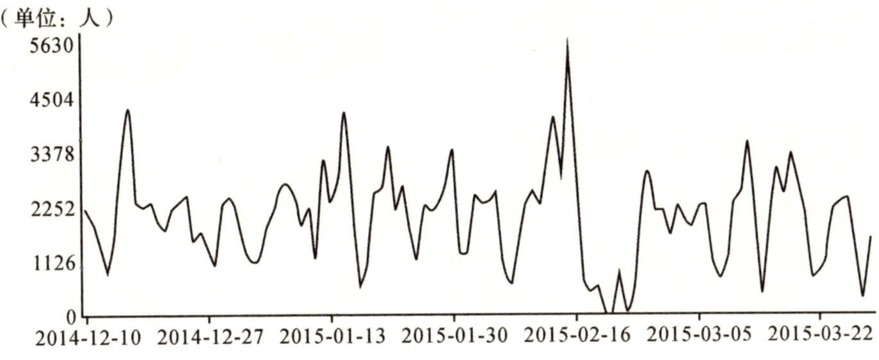

图 2-33 平台投资人数走势

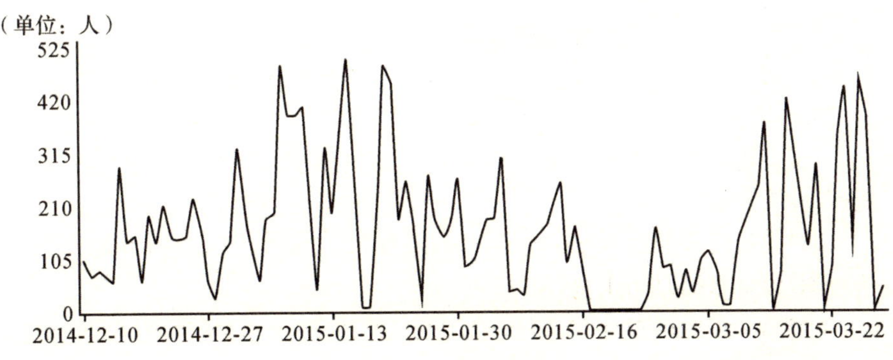

图 2-34 平台借款人走势

2.5.5 平台投资体验

通过对该平台的实际投资，形成平台投资体验报告。

2.5.5.1 注册

（1）需要手机验证，可短信或语音获取验证码，比较安全。

（2）注册送 5 元现金，开通手机端得 0.3%手机专享加息券，首次“充值”（充值金额不限）再得 5～1000 元不等的礼包，完成首次 P2P 产品投资后可激活现金礼包，不限投资项目（含债权转让），现金礼包和加息券的有效期均为 30 天，以领取日开始计算，奖励力度中等。

2.5.5.2 充值

(1)可以用不同的卡充值,比较方便。

(2)充值过程全程免费,不收取任何手续费。

2.5.5.3 提现

(1)只能提现到绑定银行卡,比较安全。

(2)每笔提现收取1元手续费,每一位提现成功的用户,将获得一张提现补偿券(每人每月仅可获得一次),次月第一周发放到用户积木盒子账户中。

(3)预计到账日期为T+1个工作日(T日21:00之前申请),遇双休日法定节假日顺延,提现速度较快。

(4)所充资金必须经投标回款后才能提现。

2.5.5.4 投资

(1)投资项目主要为企业经营贷和车辆周转贷,各种期限都有,一般有抵押,较为安全。

(2)投资综合利率8%~13.5%,收益偏低,一般1个工作日开始计息。

(3)资金站岗时间较长。

(4)无交易手续费。

2.5.5.5 变现

变现通过转让债权实现。

2.5.5.6 账户余额站岗

无余额生息项目。

2.5.5.7 安全保障

(1)无第三方资金托管。

(2)第三方担保公司担保+风险准备金。

2.5.5.8 平台服务

(1)平台为每个项目开设了项目讨论区,方便投资人对该项目进行讨论。

(2)回款有短信通知,方便投资人利息复投。

3 我国P2P网贷投资典型问题案例研究

我国P2P网贷行业由于发展过快，行业监管没能及时跟上，导致问题平台频频出现。本章选取P2P网贷行业中的几个典型问题平台案例，对其进行研究，以找出引发问题平台的各种原因。

3.1 红岭创投巨额坏账案例研究

作为次级抵押贷款，坏账问题是P2P贷款面临的主要风险之一，尤其是大额坏账会对P2P平台造成巨大的冲击。

3.1.1 案例内容①

2014年8月28日，红岭创投董事长周世平在官网论坛上发布一则名为《利空来了，慢慢消化吧》的帖子，主动爆出平台亿元坏账的消息，顿时在业内掀起轩然大波。

3.1.1.1 广州纸业老板跑路，红岭承担巨额垫付

2014年8月28日，一则重磅消息传出：广州纸业“地震”，多家大中型纸张贸易商出事，其中最为知名的为广州市金山联纸业有限公司倒闭，老板已偕家人跑路，坊间传闻其欠下银行债务超10亿元。

广州纸业的“地震”波及甚广，红岭创投作为为其提供借款的P2P平台也被牵涉其中。周世平表示：此次纸业跑路事件涉及红岭创投的借款本金总额达1亿元，案情复杂，红岭创投已经在广州经侦报案，同时在深圳福田法院立案，因为抵押物处理需要很长时间，全部到期借款将由红岭创投提前垫付。

除了勇敢垫付上亿元坏账之外，周世平还在帖子里详细公布了广州纸业全部借款相关公司的信息，并标明具体垫付时间：

广州翠月纸业(KJBCY)3000万元

到期日：2014年9月13日(9月10日垫付)

广州琳烽信纸业(KJLFX)2500万元

到期日：2014年10月30日(10月10日垫付)

广州鸣瑞贸易(TJSXP)2500万

到期日：2014年10月18日(10月10日垫付)

广州金山联纸业(KJHAM)2000万元

---

① 徐妍：《老牌P2P红岭创投遭骗贷　自行垫付一亿坏账》，http://business.sohu.com/20140828/n403869157.shtml。

到期日:2014年11月12日(11月10日垫付)

根据某P2P第三方网站统计,上述4个借款项目被拆分为14个标,本金总和为1亿元,本息共计1.0531亿元,涉及投资人数4567人,人均投资金额为2.19万元。

3.1.1.2 投资人质疑风控不力,红岭路在何方?

仅在公布坏账的一个半小时之后,周世平再发新帖《暴风雨来临,红岭创投路在何方?!》。

在帖中,周世平称,因为该利空引发红岭创投一系列重大事件,自己作为红岭创投董事长,将前后进行梳理,使投资人的疑问得到答案。

周世平在帖中初步回答了投资人可能存在的几大疑问,透露本次事件的最大损失可能是1亿元本金,加上利息,现有股东的每股收益将下降2元,并称平台为了增强抵抗风险的能力,短期须以牺牲股东利益来保护投资人利益,目前的重要任务是引进战略投资人。

即便红岭创投态度坦诚,投资人面对突如其来的巨款坏账,一时也是难以接受,不少投资人在论坛回帖质疑,矛头直指红岭创投风控不力。一位投资人说道:"同地区同行业同时贷款,本身就是件风险比较大的事情,竟然没有引起风控部门的警惕,匪夷所思。"更有投资人认为,纸业尚且坏账如此,那其他几个过亿元的房地产项目呢?

周世平为此做出详细解释,称就目前来看,红岭创投风控方面没有制度漏洞,但动产抵押也有不可控风险,本次事件为企业跟仓库物流合伙犯罪,将货物重复抵押给银行骗贷。幸亏贷后管理时发现及时,并第一时间到经侦报案处理,目前已查封仓库,催收部门已介入并配合法院查找企业其他相关资产。

关于垫付能力,周世平还解释道:"动产抵押只是纸业总额1亿元借款,目前红岭创投待收总额为33亿元,占比3%。其他不动产抵押不会形成类似风险,风险总体可控。"他还表示,针对投资人对风控的疑问,可以理解,红岭创投将通过组织投资人交流会的形式增加平台透明度。

3.1.2 案例启示

第一,本次红岭创投对纸业坏账问题的处理,说明该平台本身还是非常透明的。另外,按照2014年红岭创投近10亿元的借款额,借新钱还旧钱并非难事,的确无须隐瞒逾期的事实。

第二，在本次事件当中，红岭创投本身的风控并没有问题，而是企业将货物重复抵押给银行骗贷，银行被欺骗了，但银行有优先权。

第三，红岭创投作为深圳老牌 P2P 平台，一直享有业内大亨地位，口碑、威信向来颇受投资人好评。在本次事件中，红岭创投董事长主动出面公开坏账详情并承担责任，站在舆论的风口浪尖接受投资人质疑，其坦诚之态度得到大部分投资人的肯定。

第四，虽然本次事件对红岭创投的信誉没有太大影响，但其大标模式仍存在巨大风险，主要原因在于：

(1)从网站经营安全角度讲，当单笔资金过大，系统风险会骤增。而且大单发生坏账造成平台的流动风险过大，后期坏账追讨、资产拍卖过程复杂，这个缓慢的过程使平台的流动性变得非常差。当大单形成坏账，用平台自有资金垫付后，这部分资金会长时间滞留。

(2)平台单一个标就上千万元的借款，一年多的借款期限年利率达 2 分。在实体企业惨淡经营的大环境下，每年的利润率达到 20%～30%就算非常高了，高达 2 分的借款利率，对于大多数实体企业都是难以负荷的资金成本。一个企业短期承受比较高的资金成本还可以接受，如果长期靠 2 分以上借款利率的资金过日子，企业经营是难以为继的，倒闭事件的发生也就并不意外了。

(3)红岭创投屡发亿级大标，其不仅涉足纸业，也涉及众多地产项目。从行业角度看，这些项目不仅资金规模大，而且纸业属于落后产能行业，房地产目前也属于限制发展行业。国家目前鼓励的是民间资金积极进入小微企业，促进实体经济活力，而不是进入产能过剩行业。

(4)红岭创投也许本次仍有能力可以消化该坏账，但不代表这样的业务模式下再出问题仍有能力解决。当前这 1 亿问题资金，已经超过红岭常备的几千万级风险金，红岭必须启动其他应急方案，引入外部资金。但目前红岭类似的项目非常多，会不会再出现“压倒骆驼的最后一根稻草”，任何人都无法预测。按照红岭 2014 年大标的借款周期来看，真正的危险应该是 1 年半到 2 年之后，那时将有大批地产标到期。

3.2　拍拍贷坏账催收难题案例研究

由于网贷投资人和借款人通过 P2P 网贷平台建立借贷关系，两者之间并不直接签订借贷合同，因而当网贷投资出现坏账时，投资人催收坏账会比较困难。

3.2.1 案例内容[①]

一些投资人在拍拍贷产生了坏账，这时他们却发现这些坏账很难通过拍拍贷追讨，而他们也几乎不可能通过法律途径直接向债务人追讨，从而陷入尴尬境地。

拍拍贷是国内第一家网贷平台，也是最早被风投的知名网贷平台之一。当然它也是最特立独行的一家，拍拍贷是网贷平台中唯一一家不为投资人提供本息担保的平台。特立独行的拍拍贷模式能否成功一直是业内的一大悬念。

3.2.1.1 拍拍贷的讨债困境

老林在拍拍贷投资了 2 年之后，决定撤离拍拍贷，理由是在拍拍贷的投资并没有让他赚钱。“在拍拍贷投资两年后，我的收益是微亏。但是前两年无论在哪一个网贷平台投资，收益都在 18%以上，所以我决定离开。”林姓投资人这样描述他在拍拍贷的投资经历。和老林一样，很多拍拍贷的投资人发现自己的投资微亏，或者不赚钱。

在网贷行业，绝大多数网贷平台都承诺垫付本息，由此，除了网络平台倒闭的情况，投资人几乎不会遇到坏账困扰，而拍拍贷是目前极少数发生逾期不垫付本息的网络借款平台。一旦遇到坏账，投资人只能等待拍拍贷催收，或者自行追讨欠款。

拍拍贷官方材料显示：拍拍贷催收的手段有两种：一是拍拍贷催收部门对借入者开展大力度催收；二是拍拍贷根据隐私规则的约定分阶段将借入者的信息进行黑名单曝光。

---

① 高谈：《拍拍贷投资客难题：坏账催收碰壁》，http://www.p5w.net/news/cjxw/201306/t20130629_207395.htm。

拍拍贷目前的催收主要依赖电话催收。也就是说，一旦产生坏账，拍拍贷的工作人员就开始坐在办公室里打电话提醒借款人还钱。

遇到坏账，拍拍贷的电话催收模式很难奏效，而投资人也很难通过法律手段自行催收。

首先，按照拍拍贷的标准，每笔投资不超过 5000 元。也就是说一个投资人每笔借出不超过 5000 元，而一旦产生坏账，投资人则要付出高昂的时间成本和起诉费用，这对投资人来说简直得不偿失。

其次，网贷领域的维权尚有许多法律障碍。民间借贷关系的成立，需要两个条件。第一，借贷双方的合意，即约定借款标的、利息、偿还期限、违约责任等合同。第二，支付证明，原则上应认为民间借款合同为实践性合同，即以借出人实际给付借款行为为借款合同的生效条件。没有支付证明则借贷合同不生效。这两个条件在网贷投资中都存在问题：第一，在网贷中，双方并不直接签订合同，而只有网站提供的电子协议，没有盖章，没有水印。借出人凭电子合同到法院起诉，借入人一旦不到庭确认或者到庭否认该电子合同，这种复印件便不能被认定有效。第二，目前绝大多数网贷平台通过第三方支付平台转账，网站的借贷走账是由借出人的账户到平台账户再到借入人账户，这样借出人就无法证明把借款支付给了借入人，导致借贷关系可能不成立。

3.2.1.2 保本政策是否有效

一些投资人反映，拍拍贷的保本政策条件苛刻，很难真正保本。在所有竞争对手都承诺为投资人保本保息的情况下，拍拍贷让投资人自己承担盈亏的探索显得十分艰难。于是拍拍贷推出了自己的本金保障计划。这一计划一方面是拍拍贷为了证明自己的信贷审核实力，另一方面也是让投资人重回拍拍贷。不过，一些投资人认为拍拍贷的本金保障条件十分苛刻，很难执行。

拍拍贷的本金保障有几个条件：第一，它要求所有投资人都要分散投资，每笔投资不能超过 5000 元，且不能超过借款标的的 1/3，必须累计投资超过 50 笔。第二，坏账总金额大于收益总金额。

由于拍拍贷对本金保障有详细的规定，一部分投资人亏损是由于没有严格遵守拍拍贷分散投资的规则。但分散投资的确会给大额投资人带来很多麻烦。例如，投资人一个月内通过拍拍贷投资 50 万元，需要仔细阅读 100 个人的投资资料，每日大概需要阅读 3 个借款人的投资资料。如果投资金额更大的话，这是一份十分耗时耗力的工作。

其实拍拍贷自身也知道很多投资人会因为拍拍贷不提供担保而远走其他平台。但是拍拍贷一直坚持不为投资人垫付坏账。主要原因是其认为在互联网行业中一家做纯平台的企业被证明更加强大，国内的互联网巨头淘宝和腾讯都是纯平台类企业。拍拍贷试图建立起一个互联网信用圈，运用互联网数据对借款人进行征信和约束。而从运营风险来看，不承担交易风险而只做中介撮合交易可能是目前政策风险最小的做法。

3.2.2 案例启示

第一，网贷平台不提供本息保障虽然对平台来说政策风险小，自身经营风险也小，但对投资人而言不是好事，投资人更青睐于无条件提供全部本息保障，并在发生逾期时第一时间全部垫付的平台。

第二，当网贷发生逾期时，投资人按照现行法律要求很难直接向债务人追讨，这时平台对坏账的催收和管理能力就极为重要了。投资人在选择一个平台时，要充分评估平台的坏账管理能力，选择那些贷后管理能力强、管理方法科学有效的平台。

第三，拍拍贷虽然迫于现实压力提供了本金保障，但对保障条件做出了严格的规定，投资人很难达到要求，并且平台只保障本金不保障利息。投资人在选择平台时，要优先选择那些无条件保障投资人本息的平台。

3.3　东方创投自融判决案例研究

P2P 网贷平台的自融由于双方信息不对称，容易陷入非法集资的境地，而东方创投成为首例因自融而被宣判的案例。

3.3.1 案例内容①

曾轰动一时、涉案金额达 1.2 亿元的“东方创投案”，在历时 9 个多月的调查取证后，于 2014 年 7 月 15 日有了初步的判决结果。根据判决书内容，被告人邓亮因非法吸收公众存款罪，判处有期徒刑三年，并处罚金人民币 30

① 洪偌馨：《东方创投案一审落定：首例 P2P 自融被判非法吸存》，http://business.sohu.com/20140729/n402856376.shtml。

万元;被告人李泽明因非法吸收公众存款罪,判处有期徒刑两年,缓刑三年,并处罚金人民币 5 万元。

3.3.1.1 平台仅在早期发真标

东方创投只在早期发了极少的真实融资标,后来都是提供虚假信息,做的假标。根据判决书内容,邓亮做了这样的证词:“公司前期是有意向将客户的投资款出借给实际有资金需求的企业,但实际操作后发现坏账率会超过 6%,并且不能按时收回。为了做到能及时返还投资人的本息,我就决定通过我名下的企业以及我的私人物业来实现增值利润反馈投资人。”

3.3.1.2 借新还旧的自融模式

根据邓亮的证词,他一开始是准备做正当的网络借贷,但后来因坏账太多才转向自融,把投资人的钱用来购买房产。

邓亮供述称:“我收取的客户投资款一方面用在扩大企业规模,我在美国成立了一家名为 ALC 的合资公司,同时在深圳成立了深圳市兆融财富、深圳市中环宇基金管理有限公司,成立这三家公司花费了约 600 万元;另一方面,2013 年初,我在布吉街道办布吉中心花园购买了四个街头铺面,总共花费 3800 万元,其中 2500 万元来自公司客户的投资款。同时,我在 9 月初用布吉的四个铺面在担保公司做了抵押贷款,贷出 3000 万元,用于支付深南路与华富路交会的‘世纪汇’商业写字楼 18 层整层的首期款 2200 万元,剩余的 800 万元用于日常返还客户投资提现。”

平台的想法是把钱融进来,买了物业,把物业抵押贷款,把利息还给投资人,等到后面利息慢慢降下来后,再走入正轨。

邓亮选择自融可能是受当时行业大环境的影响,2013 年那段时间,很多平台都发假标做自融,而 9～10 月份爆发的倒闭潮使投资人出现密集提现,这也是东方创投出现资金链断裂的重要原因。

3.3.1.3 冻结资产归还本金存 2000 万元缺口

目前投资人最关心的莫过于涉案资产的处置与资金分配。判决书显示:“本案非法吸收公众存款的金额虽为人民币 1.27 亿元,但根据东方创投投资人本金利息划分明细表等书证显示,截至 2013 年 10 月 31 日,投资人已提现金额为人民币 7471.96 万元,该提现金额折抵本金后,投资参与人实际未归还本金为人民币 5250.32 万元。”然而,目前,冻结在案的资金只有约

2500 万元。按照上述数据，冻结在案的资金只能覆盖不足一半的未归还本金，差额多达 2000 多万元。邓亮本人还有一些物业，投资人需要等待处置物业归还剩余的本金。

3.3.2 案例启示

第一，东方创投案的宣判是司法体系对 P2P 平台自融案件的首次裁量，当事人判决较轻，主要是因为当事人没有故意诈骗的企图，投资人的本金大部分也能收回。

第二，东方创投自融的原因是实际借款坏账率太高，那么其他平台如何控制坏账率和承受坏账带来的损失就非常值得研究了，无法处理好这两个问题的平台不能投资。

第三，东方创投通过发假标自融，理论上只要平台规模持续膨胀，这种借新还旧的模式可以持续很久。如果后期逐渐获得优质借款人，或者获得融资，前期的窟窿甚至可能得到填补。所以投资人在投资前一定要仔细鉴别平台是否自融，确定在平台自融的情况下自己是否还会投资。

3.4 盛融在线兑付危机案例研究

当 P2P 网贷平台出现兑付危机，投资人将出现提现困难，甚至损失部分或全部投资本金和收益。

3.4.1 案例内容①

3.4.1.1 盛融在线兑付事件

盛融在线于 2015 年 2 月 10 日发布公告，称春节期间只处理 5 万元以下提现。然而在此之前，早已有投资人在网站社区上抱怨提现困难。这一公告的发布，引发了大量投资人的恐慌，盛融在线也开始出现挤兑。随后，投资人爆料已经无法申请提现，且公司的电话也无法打通。

2 月 11 日，盛融在线在官网上发布《关于保障投资人利益的决议》(以下简称《决议》)的公告。《决议》表示，待收 2000 元以下的客户，回款后可自由

① 南方都市报：《广州最大 P2P 盛融在线陷兑付危机》，http://business.sohu.com/20150213/n408979865.shtml。

提现;待收 2000 元以上的客户,公告之日起第一个月(2 月 11 日到 3 月 10 日)共可提现账户净额(体验金除外)的不低于 5%。

3 月 9 日,盛融在线在官网上发布了提现公告,提现金额为投资人账户内可用于投资金额的 5%。

盛融在线称此次兑付危机由一家贸易公司的资金链断裂导致。这家贸易公司在盛融在线的直接借款金额为 5300 万元。

3.4.1.2 盛融在线平台简介

盛融在线成立于 2010 年 11 月,公司实际注册名称为志科电子商务有限公司,注册资金为 1000 万元,法人代表为刘志军。

盛融在线线上共有担保标、流转标、友情标和普通标四种,综合年利率约19.57%,没有第三方资金托管。

盛融在线已经是上线四年多的老平台。截至 2015 年 2 月 10 日,盛融在线共有 22581 笔成功借款,整体融资规模涉及 127 亿元,总借款人不到 2000 人,至 2 月 10 日被爆无法提现时还有兑付余额约 9 亿元。

盛融被投资人称为 P2P 自融的鼻祖。盛融的成立,主要就是为了给相关公司——广东大华仁盛募集资金。盛融老板刘志军,就是平台最大的借款人。盛融平台募集的投资款,大部分募集资金用于大华仁盛的房地产项目。

盛融在线涉嫌违规担保也是导致平台抗风险能力差、出现兑付危机的原因之一。盛融在线平台隶属于广东盛融融资担保有限公司,此担保公司成立于 2009 年,注册资本金 1.01 亿元,总经理为刘志军,在 2012 年更改为志科电子商务公司。

3.4.2 案例启示

第一,盛融在线在网贷平台中属于老平台,但平台成立时间长并不意味着一定安全。

第二,盛融在线通过发假标为关联企业融资,属于典型的自融,这类平台能否经营下去主要依赖于借款企业的行业发展和企业经营情况,风险非常集中。

第三,盛融在线涉嫌违规担保,而在 2014 年 4 月 21 日,中国银监会发布《关于办理非法集资刑事案件适用法律若干问题的意见》。P2P 网络借贷平台要明确四条红线:一是要明确这个平台的中介性质,二是要明确平台本身不得提供担保,三是不得归集资金搞资金池,四是不得非法吸收公众资金。

盛融在线违反了第二条。投资人在选择平台时,要特别留意担保企业和平台的相互独立性,避免选择自己提供担保或关联企业提供担保的平台。

3.5 汇宝投资平台跑路案例研究

个别 P2P 网贷平台建立的目的就是诈骗,通过各种手段将投资人吸引到平台并投资后,平台发起人就卷款跑路,导致投资人血本无归。

3.5.1 案例资料①

江苏省常州市公安局高新区分局经济犯罪侦查大队成功破获江苏首起 P2P 网络非法吸收公众存款案,涉案金额高达 1759 万余元,受害人数多达 243 名,涉及 25 个省(市、区)。

3.5.1.1 投资 11 万元只剩下 2000 元

张先生是上海市一名公务员。从 2012 年开始,头脑活络的张先生就经常上全国性网络投资论坛,看到合适的 P2P 投资项目就会适当投入,以此获得比银行更好的回报。2013 年 9 月的一天,他在一个论坛上看到一家名为汇宝投资管理有限公司的网页广告,广告打出“20%年利率”。

点开这家公司的官网,张先生发现公司证照齐全,而且还贴出了公司 3 个大股东的资料。张先生发现,3 个股东分别从事钢铁制造业、电器业和汽修业,根据自己的经验判断,这个公司的可信度很高。

当月 22 日,张先生在汇宝公司的网站注册了一个账户,户名为“CCC881”,随后就在网上与该公司签订了投资合同,当天就充值 6 万元,后来又陆续充值 5 万元,共 11 万元。张先生选择了 9 个不同的投资项目,合同期限 1 个月至 3 个月不等,利率都是一致的年利率 20%。

合同约定,合同到期后汇宝公司还本付息。当年 10 月 22 日,他投资的 6 个项目到期,按照合同,汇宝公司应还本付息 65550.24 元。然而,张先生登录网站后发现自己账户里的这笔钱是有了,可点击“在线转账”却毫无反应,也就意味着这笔钱虽然到了他的账户,但无法提现,成了一组毫无意义

① 法制日报:《江苏首例 P2P 非法吸储案始末》,http://npc.people.com.cn/n/2015/0318/c14576-26708756.html。

的数字。

张先生当即拨通了汇宝公司法定代表人石某的电话，对方连说了好几句抱歉，并称公司资金出现暂时性困难，所以会员暂不能取现，承诺等资金周转开后就立即开通取现。张先生知道，互联网上的这种小贷公司经常出现资金周转困难，因此也并未在意。

2013 年 10 月 28 日，"在线转账"终于有了反应，张先生兴奋地输入 65550.24 元，结果却出现了最高限额 2000 元的提示，而且只能取 1 次。这下，张先生不放心了，几天后他专程从上海赶到常州市新北区万达广场汇宝公司所在地，发现公司已人去楼空，再拨打石某电话已经无人接听。张先生立即向常州市公安局高新区分局经济犯罪侦查大队报案。

张先生还不知道，就在他报案前，汇宝公司已经进入警方视线。从 2013 年 12 月至 2014 年 3 月初，一张大网悄悄打开。办案人员通过报案人提供的汇宝公司的 4 个账户，调取了全部资金往来流向，固定相关证据。随后，警方通过汇宝官网提供的资料，掌握其经营模式，找到其发布在多家 P2P 网站论坛的吸收不特定对象存款的广告……渐渐地，这家公司非法吸收公众存款的全过程浮出水面。

3.5.1.2 借宝马车接待考察者

2013 年创办汇宝公司时，石某年方 24 岁，刚刚踏出大学校门 1 年。大专毕业的石某在工地做过一阵监理，又到一家投资公司做过一阵客户经理，渐渐对 P2P 信贷有了了解。出生在苏北农村的石某没有投资做生意的第一桶金，却有着做大买卖的野心。2013 年，石某和一个朋友注册成立了汇宝公司，注册资金 500 万元是他找一家公司验资的，实际账上根本没钱。

随后，石某通过浙江一家公司开设了"汇宝信贷"民间理财平台网站，对外宣传汇宝公司是新型的 P2P 投资模式，并在公司网页上经常公布一些虚构的"某某公司资金周转需要资金""某某公司购买原材料需要借款"等投资项目，并承诺按期还本付息，年利率高达 20%，以此吸引众多网络投资人。

如果投资人看中了某一项投资项目，只要在"汇宝信贷"网上注册成为会员，并向自己的会员账户充值后选择相应的项目、投资金额及投资期限即可，按照双方约定，投资到期后投资人可以选择提现或者继续投资。

汇宝公司实际从事的是吸收不特定对象存款的行为，但其并不具备相关资质，甚至汇宝公司的营业执照上的经营范围也只是投资咨询、商务咨询信息配对、实业投资等，根本没有自我融资或众筹等经营内容。

石某很清楚自己在做什么，为了提高汇宝的可信度和应对全国各地赶来考察的投资人，他贷款买了 1 辆豪华奔驰轿车，还向朋友借用宝马 7 系等高档轿车，用于接待考察对象，并在汇宝公司网页上贴出三大股东信息，迷惑众多投资人。除了张先生，还有北京一位投资人分两次将 300 万元投入汇宝。

而据警方统计，投资 10 万元以上的受害者就多达 40 余人。石某一方面在网上利用子虚乌有的项目吸收公众资金，另一方面还会以网络“红包”形式发福利，以此吸引更多的投资人参与，至案发时全国共有 243 名受害人牵涉其中，其中浙江、广东、上海的投资人最多，常州本地也有 10 多人。石某累计吸收公众存款高达 1700 余万元。由于放出的贷款大部分难以收回，2013 年 10 月，汇宝公司资金链断裂，公司倒闭。

2014 年 3 月 10 日，石某被抓获；2014 年 7 月 29 日，王某被抓获。2015 年 1 月 27 日，石某、王某因涉嫌非法吸收公众存款罪被常州市新北区人民检察院依法提起公诉。案发后，经过相关工作，办案机关累计为受害人挽损 1453.3 万元，挽损率达 82.62%。

3.5.2 案例启示

汇宝公司的运作中存在以下问题：注册资本与实缴资本不一致，经营范围与实际业务不一致，发布的借款项目均为虚假项目，编造股东信息。

汇宝公司之所以能迷惑很多投资人，很大原因在于通过租借豪车接送考察者等博取投资人的信任。

投资人在投资网贷平台时要特别关注平台实缴资本的数量，看实缴资本与注册资本的差距；看平台营业执照所载明的营业范围，是否与实际经营业务一致；核查平台所列的股东是否确实为平台股东；查看平台是否对每一个借款项目进行了详细披露，是否有相关资料扫描件。

投资人在对平台进行实地考察时，不仅要看场地设施，更要查看公司的规模、营业执照、借款资料等。

4 我国个人P2P网贷投资平台风控研究

平台所采取的风险控制手段和其风险管理能力直接决定了平台对借款的事前管理、事中管理和事后管理水平，在很大程度上决定了投资的安全性。投资在开展P2P网贷投资时，首先要选择风控水平高的平台。

一个风控能力优秀的平台，应该能保证对借款项目的事前、事中和事后管理到位；当发生坏账时，对投资的本息保障到位；对投资的资金安全保障到位。

4.1 项目风控

项目风险是 P2P 网贷投资面临的最大风险，良好的项目风控在事前能筛选优质的借款项目，事中能对借款进行有效的跟进，事后能帮助投资人及时收回本息。

平台一般都会宣称自己建立了严密的风控体系，但其中很多项目是投资人无法进行核实的，投资人对平台项目风控水平的判断主要从以下几方面进行。

4.1.1 借款项目为真实业务

确保借款项目是基于真实的资金需求而发生的借款业务，对于项目风控至关重要。一些 P2P 网络借贷平台经营者没有尽到借款人身份真实性的核查义务，未能及时发现甚至默许借款人在平台上以多个虚假借款人的名义发布大量虚假借款信息，向投资人募集资金，用于投资房地产、股票、债券、期货等，有的直接将非法募集的资金高利贷出供赚取利差，当借款项目不真实，投资可能面临借款过于集中的风险、资金投向过于集中的风险、资金投资方向风险过大的风险。

投资人从以下几方面判断一个借款项目是否为真实业务：

第一，分析有无明确的融资方和借款用途。真实项目应首先具备完整的融资主体和借款用途的信息披露。查看是否有正式的借款合同，借款的姓名和身份证号等个人详细信息是否出现在成交的合同中，是否有借款银行流水等扫描资料。如果投资发现合同中的确有借款个人信息，平台存在虚构交易的概率相对低。

第二，查看平台上借款的数目是否很少，是否存在同一借款项目反复借款的情况。如果相同的借款反复出现，那么平台出现虚构交易的可能性高。

第三，查看平台上是否存在很多借款项目循环借款的情况。如果出现这种情况，那么平台存在期限错配的嫌疑，做了类似银行的资金池，理论上来讲，需按照巴塞尔协议满足平台的资本充足率不低于 8%的要求，但 P2P 很难做到。

第四，查看平台是否有完整且完善的风控流程。对于真实借款项目，P2P 平台会执行一套完整的风控，投资者一般从公开的信息判断平台的实际风控执行情况。但一般来说，借款项目相关信息披露得越透明，可以判断该项目真实程度越高。例如，钱多多平台提供的借款信息和资料非常详尽，其借款业务的真实性就比较可靠。

4.1.2 借款项目足够分散

借款方项目的分散可以有效避免单个项目违约对平台整体业务产生巨大影响。投资人可以从以下方面判断平台项目的分散程度：

4.1.2.1 查看项目地域是否多样化

借款项目应尽量分布在不同地区，避免因地区经济风险导致大规模坏账。因此，分公司较多的网贷平台能够获得不同地区的项目，风险比集中在某一地区的平台风险更小。投资人通过观察借款项目详情可以判断平台产品地域多样化程度。

4.1.2.2 查看行业和主体是否多样化

借款项目应尽量分布在不同行业和不同贷款，避免因行业和个体风险导致大规模坏账。因此，项目分散于不同行业和不同贷款的网贷平台比项目集中于某个行业或公司的平台风险更小。此外，平台也要尽量避免房产、矿产、贸易等高危行业。投资人通过观察借款项目详情可以判断平台产品行业和主体多样化程度。例如，中瑞财富借款项目集中于为一家石油化工企业和一家国际贸易企业补充流动资金，业务非常集中，企业如发生经营困难等问题会导致整个平台陷入绝境。

4.1.2.3 查看借款期限是否多样化

借款期限结构多样化可以避免风险在某一时间集中爆发而失控。投资人通过观察平台产品期限可以判断平台借款期限的多样化程度。

4.1.2.4 查看借款品种是否多样化

借款项目在不同品种之间分散，有利于降低平台的整体风险。投资人通过观察平台交易品种可以判断平台借款品种的多样化程度。

4.1.2.5 查看单个项目借款金额是否比较小

单个项目借款额度控制在较小的额度，可以降低某个项目违约给平台带来的风险。投资人通过观察平台单个项目的借款金额可以判断平台借款额度的分散程度。

4.1.2.6 查看投资主体是否多样化

一个借款项目对应的投资主体越多，当项目发生风险时单个投资的损失越小，投资人的整体投资风险越小。很多平台目前都采用一对多的交易模式，即通过发行集合产品使得一个借款项目对应多个投资人，投资人的一笔借款对应多个投资项目，这种措施能够很好地实现投资主体多样化。

4.1.3 项目审核严格

投资人在网贷投资中能否按时收回本金最终取决于借款人有没有足够的还款意愿和还款能力。每个网贷都声称自己建立了完善的风控体系，对项目审核严格，而投资人对平台的审核过程比较难以观察和判断。比较有效的方法是：第一，看平台有没有对借款开展实地调查；第二，有没有正式的借款合同；第三，有没有尽可能收集借款人的相关信息，包括银行账户流水、银行征信记录等，并且披露给投资人；第四，有没有双重独立审核；第五，最好有足值担保物抵押，并且取得了他项权证，有没有其他担保。例如，专注于上海高价值房产抵押借款项目的钱多多在项目审核中的客户信息披露较为全面，透明度较高。

4.2 投资保障

投资保障是指平台对投资人的本金和收益提供的保障。在当前市场环境下，不提供任何保障措施的平台没有市场。为了获取投资人的信任，平台都会引入一些投资保障措施。市场上的投资保障措施主要有以下几种：一般性担保公司担保、备用金、融资性担保公司担保、混合担保。

4.2.1 一般性担保公司担保和融资性担保公司担保

P2P 平台可以引入第三方担保公司为借款提供还款保障。担保可分为一般性公司担保和融资性担保公司担保。

4.2.1.1 一般性担保公司和融资性担保公司的概念

融资性担保公司是指依法设立,经营融资性担保业务的有限责任公司和股份有限公司。融资性担保是指担保与银行业金融机构等债权约定,当被担保人不履行对债权负有的融资性债务时,由担保人依法承担合同约定的担保责任的行为。

一般性担保公司是个人或企业在向银行等债权人借款的时候,债权人为了降低风险,不直接放款给个人,而是要求借款人找到第三方(担保公司)为其做信用担保。担保公司会根据要求,让借款人出具相关的资质证明并进行审核,之后将审核好的资料交给银行等债权人,债权人复核后放款,担保公司收取相应的服务费用。

4.2.1.2 一般性担保公司和融资性担保公司的区别

融资性担保公司和一般性担保公司都是依法设立的,其申请成立的条件和普通公司成立条件是一样的,但两者还是有以下区别:

(1)就注册资金来说,一般性担保公司只要 50 万元以上,而融资性担保公司金额较大,一般要 5000 万元甚至 1 亿元以上。

(2)融资性担保公司开展业务活动必须由省(区、市)金融办颁发经营许可证,而一般性担保公司则不需要。就营业范围来说,一般性担保公司除了咨询业务和中介服务,不能开展其他任何担保业务,而融资性担保公司则可以开展各种融资性担保业务。

4.2.1.3 一般性担保公司和融资性担保公司担保的比较

从以上融资性担保公司和一般性担保公司的区别可以看出,融资性担保公司资金实力更为雄厚,属于国家认定的金融机构,能够为债权提供更好的保障。

4.2.1.4 一般性担保公司和融资性担保公司担保的风险

担保公司有两个问题:一是从历史经验看,这种模式最终的保障作用并不强,特别是一般责任,即使是连带责任,担保公司也难以满足 P2P 投资的及时垫付要求。因此,投资人对这一类保障方式的平台并不是十分满意,尤其是随着平台业务量的扩大,担保公司的超额担保是最隐蔽最大的风险。

另一方面,普通的平台也很难找到一个可靠的公司来提供担保。因为担保公司不信任平台，也不愿意承担风险，所以，往往这种模式的担保公司，和平台是有关联的，总也脱不了自保自融的嫌疑。这一模式也只能为一些原先就有实业基础，或者投资资产管理公司开设的平台所用。

4.2.1.5 担保公司模式的选择

投资人衡量担保公司担保的安全度，主要可以分析以下几个方面：

(1)担保公司的实力和资产处置能力。

担保公司的实力和资产处置能力越强，对投资的资金保障越强。

(2)规避关联担保。

采用担保公司模式的网贷平台，超过一半存在关联担保问题。多以同一个集团旗下的公司为平台提供担保，兄弟之间的公司提供担保。例如，深圳有个平台，姐姐的公司为弟弟的平台提供担保。广州已经出问题的中大财富也是典型的案例，共用一个法人，相同的股东。担保公司要和平台没有关联，哪怕担保公司的实力差一点、资产处置能力差一点，安全性都会有很大的提高。

(3)规避自融平台。

可靠而安全的平台永远是投资的前提。随着 P2P 理财的发展，一些不可靠的网贷平台想方设法采用各种形式来融资，其中一种行为就是自融。很多企业为了更好地借款而组建网贷平台，他们利用网络融资的形式，获得流动资金。许多平台短短几个月内就能融到上亿元的资金，这些通过自融得来的资金在流向上存在着很大的风险。一般来说，除去企业通过自融平台大规模融资缓解吃紧的资金形势外，也有很多自融得来的钱被用来进行一些高风险行业的投资，一旦平台资金链断裂，风险爆发，就会出现投资人提现困难现象，严重者会导致平台倒闭，大面积挫伤投资人对 P2P 网贷行业的信心。

盛融在线、美贷网、上咸 BANK、里外贷都是自融平台，这些平台，如今或死或伤。以盛融在线为例，实力、背景、年限、低息、交易所挂牌，平台该具备的明星要素都齐了，公开低息自融，也得到了很多投资人的默许。从外表看，几年来似乎也没有什么不妥，但最终却成为问题平台。

投资人要尽量避免自融平台，可以从以下几个方面判断：

第一，查看借款标的描述。相应借贷合同、抵押合同是否完善，是否有纸质版的借贷合同、抵押合同。还要关注相关借款人申请材料、借款人和抵押物的相关证件。自融平台由于发布的一般都不是真正标的，标的材料一般都不完善，或者资料存在不真实，仔细去辨认基本可以发现。

第二，查看借款信息。如借款信息模糊，那么就需要谨慎处理。一般自融平台借款不会太多，单个借款的借款金额却很高，并存在几个账号不断循环借款的情况。

第三，查看借款信息。自融平台利息都较高，目的就是为了吸引投资，且标的期限普遍不长，多则一个月，少则十几天。借款额度都较大，且会多次重复借款。

第四，查看借款项目信息。自融平台往往存在关联的实体企业；标的描述的借款项目都比较虚，比如说开发矿山、筹建工厂等，说得很模糊；标的比较单一，涉及的行业都很相似。

4.2.2 风险备用金保障

为应对担保公司担保的弊端，很多平台选择了风险备用金模式。

4.2.2.1 风险备用金概念

风险备用金是指网贷平台从每一笔借款中提取借款额的一定比例的金额放入风险备用金账户，通常是单独立账存放，用于弥补借款人不正常还款时对投资人的垫付。

4.2.2.2 风险备用金模式的优势

采用风险备用金风控模式，一是不用受制于担保公司等外部力量，业务灵活度高，符合平台快速发展业务的需要；二是门槛低，有一笔钱作为备用金就可以运作起来。对于平台来说，成本费用也相对较低，因此给予投资人的收益回报也较高，比较容易得到投资人的信任；三是经过红岭等巨无霸平台几年的培育，投资人对这种模式也较为认可；四是提高平台运营透明度，风险备用金可以到银行托管，数据可以供投资人随时查阅，可以提高投资人的信心。

4.2.2.3 风险备用金模式的劣势

风险备用金模式门槛低，但是风险很大，可能几笔逾期或坏账就能将平台拖入困境。对于投资人，则很可能是信心满满地入场，在提现困难或漫长绝望的维权中收场。

风险备用金模式可能存在的问题有：

(1)单个项目过大,风险备用金不足以覆盖项目坏账风险。

备用金模式的原理是数学中的“概率论”,每一个借款项目都是样本,而逾期和坏账则是“小概率事件”。只有当样本足够大才能弥补单个项目发生风险带来的损失。单个项目相对平台规模太大会导致样本数量过少,风险备用金难以抵消坏账带来的损失。例如,红岭平台很大,但大标很多,侵蚀了备用金模式良好运行的基础,所以备受质疑。

(2)备用金数量相对平台规模太小,不足以覆盖坏账。

市场上常见的备用金模式平台,大部分问题出在备用金太少,很多交易额都不到1个亿,备用金二三百万元,但是单个项目经常三五百万元,保障效果可想而知。

4.2.2.4 风险备用金模式的选择

投资人在评价一个平台的风险备用金模式时,可以从以下几方面考虑:

(1)平台规模足够大,单个项目足够小。

当平台规模足够大,而单个项目足够小时,备用金足以分担单个项目的风险。一般平台交易额在3亿元以上,待收金额在1亿元以上,单个项目在5万元以内,基本上能很好地分散风险。像中瑞财富平台规模不大,但项目非常集中,单个项目金额很大,一旦发生坏账,将带给投资人巨大的损失。

(2)备用金数量足够覆盖坏账风险。

平台备用金的估算,应根据每个平台的待收金额、坏账率、逾期率、借款期限、项目类型、发标频率,结合历史数据变动,建立计算模型加以估算。每个平台的特点不同,所需要的备用金比例各不相同。当平台规模比较小,备用金占待收资金30%～50%比较合适。当平台规模足够大,备用金的比例高于坏账比例就可以应对。比如说坏账率为3%,那么备用金为待收金额的3%,理论上足够。

此外,备用金最好由第三方托管,并定期公布,给投资人充分的知情权。

4.3 资金保障

资金保障是指 P2P 网贷平台为投资人的资金提供的安全保障,保证投资人的资金不会被平台挪用,或被他人侵占。

4.3.1 网贷资金存在的风险

网贷资金风险主要包括资金池风险和账户安全风险。

4.3.1.1 资金池风险

(1)资金池的含义。

资金池也称现金总库。最早是由跨国公司的财务公司与国际银行联手开发的资金管理模式,以统一调拨集团的全球资金,最大限度地降低集团持有的净头寸。

简单地说,资金池就是把资金汇集到一起,形成一个像蓄水池一样的储存资金的空间,通常用在集资投资、房地产或是保险领域。保险公司有一个庞大的资金池,赔付的资金流出和新保单的资金使之保持平衡。银行也有一个庞大的资金池,贷款和存款的流入流出,使这个资金池基本保持稳定。基金也是一个资金池,申购和赎回的资金流入流出使基金可以用于投资的资金处于一个相对稳定的状态。

(2)网贷平台资金池的形成。

网贷平台没有采用资金第三方托管时会形成资金池,投资充值时资金进入资金池,借款时资金流出资金池。

从主观角度,平台希望有资金池。在平台的运作中,存在两对矛盾:第一是投资期限和借款期限不匹配,投资往往偏好短期项目,而借款则更青睐长期借款;第二是借款金额和投资金额不匹配,借款项目的增长是没有规律的,而资金的增长相对平缓。为了平衡这两对矛盾,平台希望通过资金池来调配资金。没有资金池的调配,平台很难做大,甚至是运营平稳都很困难。从客观角度,在不托管的情况下大量充值而未投资的站岗资金,投资后还未满标的资金停留和部分由于平台提现周期形成的资金积累会形成资金池。

(3)网贷平台资金池存在的问题。

资金池模式是银行运营的核心,为何到了 P2P 网贷行业,就成了平台毒药呢? 这是因为资金池要良好运作的一个前提是资金的安全有保障,同时投资不会挤兑。但实际的情况是,在 P2P 行业目前的环境下,这两个前提都不存在。网贷平台发展快,门槛低,监管空缺,鱼龙混杂,难以保证资金池中的资金不被盗取或挪用。同时,投资人对平台信心不足,时刻都保持着极高的警惕,而且投资人之间通过网络(微信、QQ、论坛等)随时保持着联系,这使得任何风吹草动,都可能引起挤兑。

(4)网贷平台资金池的危害。

从诸多问题平台的实际案例来看,资金池模式的风险主要集中于三个方面:一是平台及其负责人主观的诈骗即卷款跑路;二是挪用资金池中的资金,为平台自身所用(自融),或做其他投资,或垫付逾期项目,或代偿坏账,从而造成坏账和亏空;三是最常见的期限错配,即利用资金池中的沉淀进行放款,或利用短期资金进行长期放款,一旦出现投资人集中提现情况,极容易出现资金链断裂,而出现提现困难问题。虽然不能说有资金池就一定会出问题,但从历史经验来看,到目前为止出问题的平台,基本上没有脱离资金池模式。

4.3.1.2 账户安全风险

网贷投资所有的环节都通过网络进行,投资人的资金在进出网贷平台过程中,可能会面临被盗取等安全风险。

4.3.2 网贷资金的安全保障

网贷资金的安全保障可以通过引入第三方资金托管、提高资金进出安全度和引入保险实现。

4.3.2.1 引入第三方资金托管

第三方资金托管的含义就是资金流运行在第三方支付托管公司,而不经过平台的银行账户,从而避免平台因为经营不善而挪用交易资金最后给交易双方带来的风险。采用了资金托管的平台,可以让自己的资金与平台隔离,可以有效防止平台负责人卷款跑路或者投资人提现困难问题,对于投资人来说相对有保障。当引入第三方资金托管后,投资者在平台上注册并实名认证时,银行端同步审核给投资者开设账户;当投资人在平台端进行充值时,充值款项同步进入投资银行账户;当投资在平台上投标,银行同步冻结投资账户中相应金额;当项目到期回款时,银行从借款子账户中划扣项目相应金额,根据投资列表划转到投资用户相应的子账户中;当投资人申请提现时,银行从用户子账户中划转相应金额到用户指定的银行账户中。

由此,投资人注册、充值、投标、回款、提现等所有动作,平台与银行同步对接,资金也体现为借贷双方的储蓄存款。

引入第三方资金托管是大势所趋,但商业银行要开展网贷平台资金托管,需要银监会审批,而在行业监管法律还没有出台的情况下。还很难实现。因此,目前很多平台以第三方存管的形式保障客户资金的安全。存管,就是给客户开立一个账户,将客户资金放在账户里。而托管的范围更大,不仅仅是开立账户,还要涉及账户的管理、监督资金使用情况、资金清算、信息披露等,银行所负的责任更大。

投资人为保障资金安全,应尽量选择引入第三方资金托管的平台,或者引入第三方资金存管并正在向托管努力的平台。

4.3.2.2 提高资金进出安全度

为保障投资人的资金进出安全,有实力的平台通常都会从技术方面提升安全级别,对数据传输进行加密,以防范投资人账号密码等信息被窃取的风险,但客户较难观察和判断平台的技术安全程度。为防范资金被他人转进转出的风险,平台在充值提现过程中一般都要进行手机验证,在此基础上要求同卡进出,或者至少提现时只能转入投资人名下账户的平台更为安全。

4.3.2.3 引入保险

即使采取了前述所有措施,资金也并不是万无一失的,引入保险公司开展存款保险能为投资人提供更好的安全保障。例如,合拍在线引入阳光财产保险公司,对客户在充值提现过程中出现的资金问题,由阳光财产保险公司承保赔付,引入保险的平台对于投资人而言资金更为安全。

5 我国个人P2P网贷投资平台选择研究

投资人进行网贷投资，首先要选择好的平台。在选择平台时，除了考虑风控能力，还要考虑平台规模实力、收益水平、风险水平、流动性等诸多因素，这是一个综合的决策过程。

5.1 网贷投资平台选择的考虑因素

投资人在选择网贷平台时需要考虑的因素很多，在风控能力合格的基础上，投资人还需要考虑以下因素：

5.1.1 远离诈骗和跑路平台

网贷行业与传统金融行业相比，进入门槛较低，行业发展速度快，行业监管没有及时跟上，个别 P2P 网贷平台的经营者，发布虚假的高利借款标的募集资金，采取借新还旧的“庞氏骗局”模式，短期内募集大量资金，有的用于自身生产经营，有的甚至卷款潜逃。在这种情况下，资金链很容易发生断裂，成为跑路平台。投资人如果不慎投到诈骗和跑路平台，资金很可能血本无归，所以投资人在进行网贷投资时要尽量识别和远离诈骗跑路平台。

5.1.1.1 诈骗和跑路平台的典型特征

诈骗平台往往具备一些共同特征：

(1)因为没打算长期经营，诈骗平台网页往往比较粗糙，通常采用购买的通用模板，用户体验不好。

(2)因为都是虚假标的，诈骗平台透明度一般都比较差，平台信息和标的信息披露少。

(3)营业执照、团队介绍等造假，注册地址则一般选在较偏远的地区。

(4)平台宣称的综合利率很高，远高于行业平均水平。

(5)平台上标的特别多。

(6)基本没有第三方资金托管。

(7)注册资本与实收资本差距很大。

5.1.1.2 诈骗和跑路平台的识别

根据诈骗网站的这些典型特征，投资人可以从以下几点判断一个平台是否为诈骗平台：

(1)查询平台是否根据《公司登记管理条例》在工商管理部门进行注册，根据《互联网信息服务管理办法》及《互联网站管理工作细则》的规定在通信管理部门进行备案。

(2)查看平台所提供的投资项目信息是否进行了详细披露,有没有借款的身份证、房产证、驾照、银行流水等扫描材料。

(3)用公布出来的团队照片和履历上百度搜索辨真伪,也可以通过法院被执行人信息查询平台人员的违法记录情况;可以通过电话咨询物业来核实这家平台是否存在,最好到平台所在地实地考察,随机抽取几份借款资料进行核实,看该借款项目是否真实。

(4)核实平台提供的综合利率有没有超过正常范围,平台描述的借款按常理能否接受这样的借款成本。

(5)核实平台资金是否采用第三方托管。

(6)核实网站注册资本数额、实收资本金额、核对注册资本和实收资本是否一致。

(7)长期潜伏观察。如平台、投资交流群、社区等,了解别的投资人对该平台的评价和分析。

5.1.2 选择规模实力强的平台

投资人在选择 P2P 网贷平台时,应优先选择规模实力强的平台,因为 P2P 网贷平台规模实力越强,平台运营往往越规范,承受风险的能力也越强。

5.1.2.1 选择实力较强的平台

平台实力强,意味着公司抵御风险的能力强。判断一个平台的实力可以考虑以下几方面:

(1)注册资本高。

注册资本是评判平台实力的一个重要标准。但是注册资本分实收和认缴。认缴出资额是指公司各股东承诺应向公司缴纳的资本数额,各股东认缴的出资额之和在公司登记机关登记后就是公司的注册资本。认缴出资额应该在公司章程里明确记载。实收出资额就是各股东按照章程规定的出资额、出资方式、出资期限实际缴纳的出资额。换句话说,认缴只是各股东的承诺,而实收则是各股东实际缴纳的出资额。例如人人贷 2014 年 4 月在官网公布注册资本增至 1 亿元,但工商登记资料显示其实收资本只有 616.96 万元,见图 5-1、图 5-2。

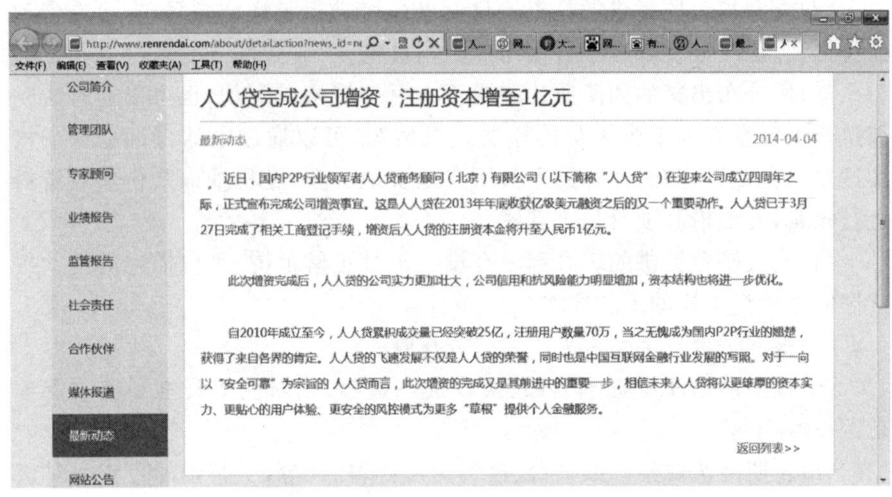

人人贷完成公司增资，注册资本增至1亿元

最新动态 2014-04-04

近日，国内P2P行业领军者人人贷商务顾问（北京）有限公司（以下简称“人人贷”）在迎来公司成立四周年之际，正式宣布完成公司增资事宜。这是人人贷在2013年年底收获亿级美元融资之后的又一个重要动作。人人贷已于3月27日完成了相关工商登记手续，增资后人人贷的注册资本金将升至人民币1亿元。

此次增资完成后，人人贷的公司实力更加壮大，公司信用和抗风险能力明显增加，资本结构也将进一步优化。

自2010年成立至今，人人贷累积成交量已经突破25亿，注册用户数量70万，当之无愧成为国内P2P行业的翘楚，获得了来自各界的肯定。人人贷的飞速发展不仅是人人贷的荣誉，同时也是中国互联网金融行业发展的写照。对于一向以“安全可靠”为宗旨的人人贷而言，此次增资的完成又是其前进中的重要一步，相信未来人人贷将以更雄厚的资本实力、更贴心的用户体验、更安全的风控模式为更多“草根”提供个人金融服务。

返回列表>>

图 5-1 人人贷注册资本

来源：人人贷官网。

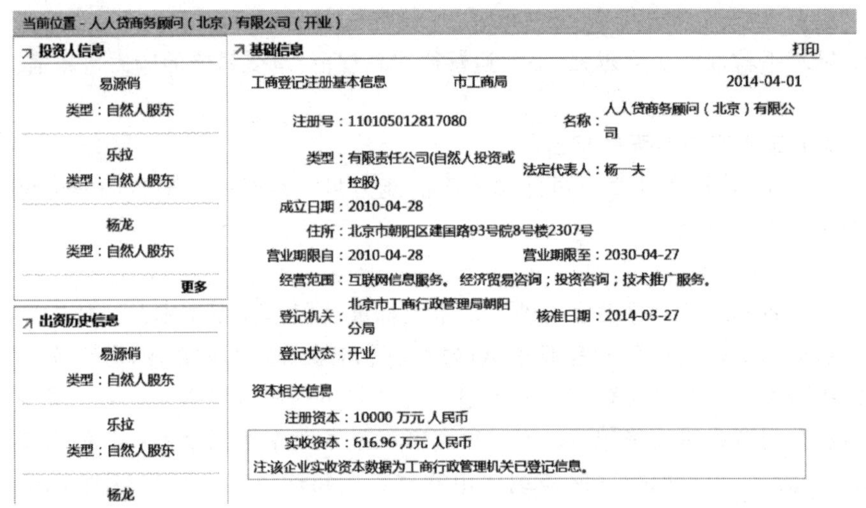

当前位置 - 人人贷商务顾问（北京）有限公司（开业）

投资人信息

易源俏
类型：自然人股东

乐拉
类型：自然人股东

杨龙
类型：自然人股东

更多

出资历史信息

易源俏
类型：自然人股东

乐拉
类型：自然人股东

杨龙

基础信息 打印

工商登记注册基本信息 市工商局 2014-04-01

注册号：110105012817080 名称：人人贷商务顾问（北京）有限公司

类型：有限责任公司(自然人投资或控股) 法定代表人：杨一夫

成立日期：2010-04-28

住所：北京市朝阳区建国路93号院8号楼2307号

营业期限自：2010-04-28 营业期限至：2030-04-27

经营范围：互联网信息服务。经济贸易咨询；投资咨询；技术推广服务。

登记机关：北京市工商行政管理局朝阳分局 核准日期：2014-03-27

登记状态：开业

资本相关信息

注册资本：10000 万元 人民币

实收资本：616.96 万元 人民币

注:该企业实收资本数据为工商行政管理机关已登记信息。

图 5-2 人人贷实收资本

来源：网贷之家。

(2)选择大股东实力强的平台。

如果平台有国资背景、银行背景或者强大的上市公司背景，大股东的高信用等级可以增强网贷平台的信用。当平台出现问题时，大股东出于对自身信用的维护,往往会选择出面承担,投资这样的平台风险相对就比较小。如陆金所的大股东为平安保险集团,因此虽然收益较低,仍然得到很多投资人的青睐。

(3)选择获得大资金注入的平台。

专业投资机构具有强大的研究能力,能获得专业投资机构的大资金注入说明平台得到了专业机构的认可。例如,有利网于2013年11月获得软银中国资本(SBCVC)千万美元级投资。软银集团是国际顶尖投资机构,软银中国资本是软银集团在中国的分支,为中国领先的私募股权投资基金。软银投资过一系列优秀企业,包括阿里巴巴、淘宝、千橡互动、Yahoo!、eloan等。此次注资是软银首次在中国大陆投资互联网金融领域。有利网于2014年6月获得晨兴资本(Morningside Venture Capital)数千万美元的投资。晨兴资本以挑选创业团队眼光精准著称,活跃于中国互联网、移动互联网、教育和消费相关服务多个领域的投资市场,成功投资了包括搜狐、携程、第九城市、正保远程教育、迅雷、凤凰新媒体、UC 优视、YY、小米科技等。有利网是晨兴资本投资的第一个互联网金融项目。

5.1.2.2 选择规模大的平台

平台规模越大,说明广大投资人对平台的认可度越高,投资到这样的平台风险更小。判断一个平台的规模可以看平台的成交量和待收金额。例如红岭创投虽然是民营平台,没有强大的背景,但成交量巨大,受到很多投资人的青睐。

5.1.3 选择客户群体定位准确的平台

投资人在选择 P2P 网贷平台时,应优先选择规模实力强的平台,因为 P2P 网贷平台定位越准确,发展越平稳。

5.1.3.1 以大企业为主要客户的平台风险大

(1)平台大企业客户经营风险大。

大企业到平台贷款意味着投资风险极大,原因在于:大企业的资金需求一般都很大,历来是当地各大银行的重点客户,而银行的利率综合各项费用最多也就年化12%,这和平台高昂的融资成本相差很大,所以大企业一定优先选择在银行贷款,到平台贷款的大企业可能已经无法从银行拿到贷款了。

有些平台会要求大企业提供抵押物,有抵押物而无法从银行取得贷款的大企业或者负债太多已经无法在当期获得贷款，或者其抵押物实际价值很低。

(2)平台大标项目导致平台风险集中。

以大企业客户为主要客户的平台会形成大标模式，即平台发放的单个贷款项目都比较大，不满足网贷平台风险分散的风控要求。

5.1.3.2 以消费信用贷款为主要目标业务的平台发展有限

电商已经占据了大部分个人购买和消费领域，现金消费比例日趋减少，个人消费方面的借款需求大部分可以依靠低成本的信贷方式满足：第一，个人可以使用信用卡获得信用贷款额度。根据 2015 年 1 月人民银行统计，现在的信用卡发卡量是 5.39 亿张，授信金额是 5.23 亿元左右。第二，个人可以使用电商信用项目获得信用贷款额度。如京东白条、淘宝花呗以及其他相关电商平台推出的分期类付款项目，这些现有的信用贷款成本远低于网贷成本。

除消费信贷外，个人在网贷平台上借款的原因如为购房、购车、装修等大额支出中发生的短期资金拆借或者紧急支出等是具有合理性的，定位于这类客户群体业务的平台是可以投资的。个人在网贷平台上借款的原因为进行股票等高风险投资或恶意借款的平台应当远离。

5.1.3.3 以小微企业为主要目标客户的平台具有持续生命力

小微企业由于资产抵押能力不够，往往被排斥在银行信贷体系之外，小微企业巨大的资金需求过去主要由民间借贷市场支撑，也比较能接受较高的信贷利率，网贷平台相比民间借贷更低的利率也易于为小微企业接受和认可。在当前鼓励创新创业的市场环境下，以小微企业为主要目标客户的平台将更具有持续生命力。

5.1.4 选择收益水平适当的平台

在投资领域中，投资收益和投资风险呈正比是一个常识问题，高风险意味着高收益，低收益意味着低风险，但在网贷投资中却不能一概而论。

关于收益水平，网贷投资中有两种观点：第一种是打新群认为高息平台和低息平台没有安全区分，论据是 2014 年很多低息平台出现倒闭。第二种是相对保守的投资群认为高息必然高风险，因为没有什么行业能承受这么高的融资成本。论据是高息平台倒闭更多，2014 年山东高息平台普遍运营不满就跑路。

那么网贷平台到底是高息安全，还是低息安全？安全是一个相对的概念，是特定时间、特定空间范围内的相对安全。某平台在一定待收范围内风险可控，那就代表安全；当这个平台把业务从 A 地移到了 B 地，空间发生了变化，平台的安全度就会降低。所以，高息平台和低息平台比较，一定是在大体相同的时间段内或者业务空间基本不改变的前提下讨论。比如，拿一个刚刚开业的高息平台和一个运营了 1 年、待收额度 1 亿元的低息平台，根本没有可比性。

高息安全吗？如果长期运营一个资金成本明显高于社会经济发展水平和本地民间资本利率水平的平台，一定是不安全的，答案非常肯定。但很多打新族认为高息长期不安全，前期低待收是安全的，这是一厢情愿的想法，2014 年山东不满的高息雷就是一个典型的反面案例。那是不是所有的高息平台都不能投资？那也不是。要分析高息的逻辑。很多资质确实不错的网贷平台，初期将广告和推广费用投入高息回馈投资，也符合高息的存在条件。这种高息实际是有着推广成分的高息，而不是真正业务高息，后面会逐步降低到正常经营的利率水平，也就是所谓的“高开低走”。如你我贷 2015 年初为吸引新客户，推出投资满 3 万元返现 1200 元的活动，虽然大幅推高了新投资的收益，但其中包含了平台的推广成本。

低息安全吗？从资金成本角度考虑，长期运营一个低息平台比长期运营一个高息平台安全性明显高出几个数量级，也更接近实体经济的规则。如果平台资质不错，踏踏实实做业务，这个答案是肯定的；但某些恶意平台揣摩投资心理故意将利息拉低，这种低息平台绝对高风险。另外，很多低息老平台经过长时间的运营后，待收急剧增加，由于融资成本低，手握大量资金，某些平台开始加大力度拓展业务，出现挪用资金、填坑补漏、资金错配、虚拟项目等，这种平台也很容易出问题。

在行业缺乏足够监管和准入门槛太低的情况下，原本“高收益、高风险”的基本常识问题变成了不确定事项。投资人需要从平台业务逻辑、运营成本、股东结构与背景等诸多方面结合利息水平判断，选择利息适当的平台，通常利率在 8%～15%比较合适。

5.1.5 选择流动性强的平台

当投资了网贷投资产品后，投资能否随时变现以及变现时是否存在损失会影响投资的流动性。每个平台对于投资是否能够转让，什么时候可以转让,转让要收取多少费用等的规定都各不相同。例如,钱多多平台不提供投资的提前转让,而有利网的投资则可以随时赎回,赎回款会在1～2个工作日到账,但要支付1%～2%的赎回手续费。

投资人应尽量选择投资后随时可以变现,且变现成本低廉的平台进行投资。

5.1.6 选择综合成本低的平台

投资人在投资网贷平台时主要会涉及充值成本、提现成本、管理成本等显性成本,以及资金站岗、提现周期等带来的隐性成本。

5.1.6.1 充值成本

为了吸引投资人的加入,大部分网贷平台免收充值费,但也有部分平台会收取,例如合拍在线对单笔充值金额在2000元以下的收取1.5%的充值费。

投资人应尽量选择没有充值成本的平台进行投资。

5.1.6.2 提现成本

投资人在网贷平台涉及的提现成本主要有提现费、提现到账时间和未投资金额提现成本。大部分平台会收取提现费,各个平台的提现成本差距很大。有些平台不仅规定有提现费,还对未投资的充值金额提现有严格的规定,每个平台的提现到账时间也不同。投资人在选择平台时要仔细研究平台的提现政策,避免给投资带来额外的资金和时间成本。例如,钱多多平台规定:"1.除法定节假日外,周一至周日全天处理提现;2.每日16点之前提交的提现申请当日到账;每日16点以后提交的提现申请次日到账,节假日的提现申请最迟假日后第一个工作日到账;3.提现未投标资金要进行严格审核,审核时间在15个工作日。"投资人如果充值后因为无标可投而提现,就会遭遇漫长的审核时间,影响投资的整体收益。

投资人应尽量选择没有提现成本,提现到账迅速,不对未投资金额提现设置障碍的平台投资。

5.1.6.3 管理成本

部分平台会对投资的收益收取佣金或者管理费等,如合拍在线对投资的收益收取10%的居间服务费。管理成本的存在会降低投资的收益。

投资人应尽量选择不收取管理费的平台。

5.1.6.4 资金站岗成本

(1)资金站岗的概念。

网贷投资资金站岗,即网贷投资的资金闲置在平台中,使投资无法获得相应的资金收益。

(2)形成资金站岗的原因。

形成网贷资金站岗的原因主要有五个:

第一,网贷投资通过网银等第三方支付手段将资金充值到网贷平台中,但网贷平台或者无标可投或者没有适合自身的标的,导致投资资金站岗。

第二,投资标的采用等额本息还款方式会产生利息站岗。比如对于6个月期限的标的,由于每期都会有本息还款,因此投资账户中也会沉淀部分资金,因未及时投标或者无标可投而导致资金站岗。

第三,投资人投资的对象主要为短期标的时,标的到期时间比较分散,也会因未及时投标或者无标可投而导致资金站岗。

第四,投资人抢到标,但该标的出现流标,导致投资资金站岗。

第五,投资人抢标时间到资金开始生息间的资金站岗。投资人抢到标后,还要经历投资标的满标、借款协议生成后才开始计息,这段时间的空置会导致投资资金站岗。

(3)容易发生资金站岗的平台。

由于资金存在闲置,资金站岗现象会影响投资的最终收益,因此对于渴望尽可能提高网贷收益的投资人来说,减少不必要的资金站岗就很重要。投资人需要了解哪些网贷平台容易发生资金站岗。

第一,根据平台名气与行业地位去判断,通常在行业中较为领先的、名气较大的网贷平台都有比较严重的资金站岗现象。例如,有利网曾经出现过投资需要等待25个工作日才有标可投的情况,资金站岗问题严重。

第二,根据网贷平台公布的满标速度去判断,这个比较直观,如果满标很快,通常就意味着出现大量站岗资金的可能。

第三,根据网贷第三方资讯平台的相关人气指数与论坛评论去判断,人气越高,资金站岗可能性就越高。

(4)减少资金站岗的方法。

投资可以通过以下措施减少资金站岗:

第一,谨慎设置自动投标。很多平台设有自动投标功能,当出现投资等额本息付款方式的标的或者投资期限短的标的时，采用自动投标可以大大减少资金站岗情况的出现。

第二，编制投资记录。投资人可以为每一笔投资编个号码，详细记录每一笔投资的开始时间、结束时间、每一期利息收到时间，在日历上标注，提醒及时投资；或者运用专门的网贷平台记账软件记账，随时提醒复投，减少资金站岗时间。

第三，关注新标预告及官方公告，关注还款日期，定时将账户中的资金提现，及时抢投新标或者转投其他平台的标的。

第四，尽量选择抢标成功即开始计息以及抢标到计息时间短的平台。

第五，运用净值标降低资金站岗时间。净值标是投资活跃资金的一种方式。净值标的借款以自己的投资净资产做抵押申请的信用贷款，综合利率比普通的投资标的要低，其信用可循环抵押，即放大杠杆，以小博大。正因净值标具备投资杠杆等优势，致使有些 P2P 黄牛开始大肆参与，这些黄牛用自己在平台的投资资产做信用抵押，向平台申请借款额度获得资金，转投高息标的，从而赚取利差。黄牛通过净值标撬动利率杠杆，普通用户则可以通过净值标缓解站岗损失，虽然收益相对推荐标较低，但仍旧可观。

第六，尽量选择有余额生息的平台。余额生息是平台为解决投资资金站岗问题与基金管理公司合作推出的类似货币市场基金业务，投资在平台账户中的资金没有投资的部分可以享受余额生息获得收益。

5.1.7 选择信息披露透明度高的平台

平台信息披露透明度越高，投资风险越小，尽量选择在以下方面信息披露透明度高的平台。

5.1.7.1 网贷平台公司及管理团队信息披露透明

(1)查看平台网站最下面的网站备案信息，看工信部有没有备案。查当地的工商局网站，看有没有平台的登记信息，特别要核对公司法定代表人是否为平台负责人。

(2)平台有无披露公司办公地址，核查办公地址是否为公司实际所在地。

(3)是否披露注册资本、实收资本，以及注册资本和实收资本是否一致。

(4)查看网站负责人的信息公布程度，真正实心做网贷的平台，它的法定代表人都会把能够公布的私人信息尽量公布，如个人身份证、个人简历、证件、电话,有的还有个人的宣言等。

(5)查看网站管理团队的信息披露程度,并侧面核实高管顾问与公司的关系是否属实。

5.1.7.2 风控保障信息披露透明

投资人通过查看平台的风控保障信息,判断平台是否建立了完善的风控体系:第一,每个平台都宣称自己建立了完善的风险保障体系,但有些平台关于风控描述笼统而模糊,投资人首先要注意平台描述风控措施是否细致和全面;第二,要看平台对投资人的投资保障是采用风险备用金、第三方担保,还是什么都没有;第三,要看平台是否引入了第三方资金托管保障投资的资金安全;第四,要看平台是否引入了保险公司保障投资资金进出的安全。

在风控方面,还要重点查看平台是否详细阐述出现逾期和坏账的处理流程和处理时间:没有说明处理流程和处理时间的平台在发生坏账和逾期时可能有各种推诿,这种平台尽量不要投;那些声称发生逾期和坏账会采取电话催收等方式帮助投资挽回损失的平台要慎投,因为当发生坏账时靠电话催收可能已经不太有用,而且投资收回本息的时间将被无限后延;那些逾期后承诺平台或第三方担保公司在 24 小时无条件垫付的可以优先考虑。

5.1.7.3 借款项目信息披露程度

投资人要查看平台是否充分披露借款项目的相关信息,包括借款的基本信息,借款的地址、资信、财产证明、借款手续;借款的证件材料,借款的身份证、房产证、车辆发票、借款合同等的扫描件;房产他项权证扫描件;房产等抵押物的外观照片;等等。信息越详细,投资的决策参考依据就越多。

5.1.7.4 平台运营数据披露程度

投资人要查看平台是否充分披露平台的运营数据,包括交易数据、投资人数、坏账率、备用金数量,数据越详细越好,最好每天都能公布相关数据。要注意的是,有些平台虽然公布运营报告,但报告中披露的信息极少。

5.1.8 选择客户体验好的平台

客户体验信息可以从两个渠道获得:

5.1.8.1 投资人的自身体验

投资人在接触到一个新平台时，可以首先注册一个账户，觉得还可以的平台先少量投资，观察以下方面：

(1)页面制作精良、视觉效果好、模块分区明确、操作方便、内容充实的平台比较值得投资。

(2)平台服务电话工作时间内随时能够接通，平台服务态度良好，服务专业的平台比较值得投资；进官方QQ群，看平台服务回答提问的速度，给平台提运营意见，看是否采纳和采纳程度等。

(3)资金进出有手机验证等安全措施，账户余额变动和投资情况变动有短信通知的平台比较值得投资。

(4)有网站、手机端，甚至有短信服务端的平台比较值得投资。

(5)网站响应速度快，不会出现链接不上的平台比较值得投资。

(6)不收提现费、充值费、利息管理费、VIP费的平台比较值得投资。

(7)提现速度快，尤其是未投资金额提现不收提现费，提现到账快的平台比较值得投资。

(8)满标时间适当的平台比较值得投资。满标时间太长说明平台缺乏人气，满标时间太短会导致资金站岗，因此要选择满标时间适当的平台。

(9)有预期发标公告的平台比较值得投资。好一点的平台，会提前公开发标公告，查看实际发标是否与计划一致，是否标满即止。发标太随意的不要投。

(10)每日发标数量稳定的平台比较值得投资。除陆金所、人人贷、红岭创投等体量很大的老平台、平台新开张或重大日子外，如果平台某天的放贷总金额太大，要慎重考虑，连续发秒标和天标的平台风险太大，最好不要投，很多诈骗平台就以此类方式圈钱，捞一笔就跑路。

5.1.8.2 其他投资人的体验

投资人可以参考其他投资人对平台的投资体验来进行决策，要时刻注意第三方资讯平台上的信息，特别要注意平台曝光板块，可以在百度搜索平台的信息，看有无负面信息；多与其他投资人交流，学习他人先进经验，特别是多加几个网贷群，一有消息，会比一般人早知道。

5.2 网贷平台第三方评级

平台的选择是一个综合性的判断，涉及的因素很多，投资往往难以决断，这时可以参考一些中介机构对平台的评级，结合自己的分析进行决策。但网贷行业出现时间短，发展速度快，还没有形成成熟的第三方评价体系和评价机构，第三方评价结果也无法做到涵盖所有的平台，形成非常连续和具有足够公信力的评价意见，因此，投资人对于第三方意见只能当作参考。

当前网贷行业的第三方评价机构主要有网贷之家、大公国际和网贷精英论坛评级。网贷之家是当前行业内最为知名的第三方评级机构，通过抓取各网贷平台相关数据形成各平台发展指数，列示发展指数排名靠前的两百多家平台。但平台发展指数只是表明平台的发展情况，并不完全代表平台的安全度和收益水平。大公国际是专业的信用评级机构，只对网贷行业出过一份评级报告，列示网贷投资黑名单和预警名单，但其评价标准和客观度受到业内多方质疑。网贷精英论坛是一个网贷投资论坛，根据投资的评价将平台可投资程度分为 A、B、C、D 四档，但只有部分平台被评价，而且没有数据支持。

5.2.1 网贷之家评级

网贷之家的评级目前是 P2P 网贷行业认可度比较高的评级。

5.2.1.1 参考指标

时间加权成交量，营收，待收杠杆，地域杠杆，风险收益比，久期，借款集中度，资金认可度。

5.2.1.2 打分方法

(1)各项一级、二级指标在 0 到 100 分范围内打分，无及格分数线。

(2)建立了一个有 100 家以上平台数据的评级库。

(3)对于可获取数据的定量指标，采用先取对数，然后标准化的方法得到打分。

(4)从益于投资的角度，有正向指标和反向指标，如收益为正向指标，杠杆为反向指标。

(5)对于定性指标，根据有无，设置哑变量，给予 0 和 1 的打分判定。

5.2.1.3 权重确定方法——层次分析法

(1)先建立一级和二级指标间隶属的树状层次结构。

(2)两两比较通过专家打分，构造判断矩阵。

(3)进行判断矩阵的一致性检验。

(4)将符合一致性的判断矩阵归一化，计算出权重。

(5)根据算出的综合得分来进行评级。

5.2.1.4 样本限制条件

纳入网贷之家评级库也有一些限制条件，有以下任一情形的不列入评级库：

(1)平台上连续(3 天内)出现 3 个或 3 个以上借款标的综合年化利率≥24%。

(2)3 个月内平台综合年化利率≥24%。

(3)单个借款人平均借款金额≥(注册资金、风险准备金、0.5×自身担保公司注册资金)三者最大值的。

(4)单月投资人数≤100 人的。

(5)单月借款人数≤5 人的。

(6)单月时间加权成交≤2000/万元×月的。

(7)上线 3 个月以内的。

(8)无法获取详细、明确的成交数据及平台信息的。

虽然网贷之家的评级采用了多重指标和方法，也花费了工作人员大量的心血，但是和大多数评级一样，有人参与就不能做到 100%的客观、准确。不过网贷之家的评级因为有数据支持，所以有较高的参考价值。

5.2.2 大公评级

大公评级主营信用评级，其在 2015 年 1 月发布了一份网贷黑名单和预警名单，对网贷投资有一定的参考价值。

5.2.2.1 评级机构

大公国际资信评估有限公司(简称大公国际)是中国信用评级与风险分析研究的专业机构，是面向全球的中国信用信息与决策解决方案的主要服务商。1994年经中国人民银行和国家经贸委批准成立。大公具有中国政府特许经营的全部资质，是中国认可的为所有发行债券的企业进行信用等级评估的机构。

5.2.2.2 评级方法

(1)数据调查方法。

大公国际主要采用在线的公开信息，未正式开展线下调查。

(2)核心指标选取。

评级指标中信息披露放在第一位，权重最大，因为目前中国P2P网贷行业并没有透明的信息披露，其许诺的高回报率是怎么赚出来的，是通过什么项目获得的回报，都应该公开公示而非暗箱操作。排名第二的评价指标是偿债能力，对许诺超过20%的高息平台会直接拉入黑名单。如今国内已有上亿投资人进入平台中，更有超万亿资金不断涌入，信用规模如果不能控制在适度范围，会给金融体系带来系统性危险。

(3)样本选取。

大公国际通过对全国1395个网贷平台中的违法行为、严重失信行为评定筛选，编制中国首份网贷黑名单及预警名单。

5.2.2.3 评级结果

大公国际于2015年1月21日发布了266个网贷平台黑名单和676个预警名单。黑名单中包括网贷平台出现以来所有跑路平台，其中2014年跑路的有183家。黑名单平台数量分布与经济发展程度相关，共有23个省(区、市)出现黑名单，广东、浙江、上海居前三位，其中广东数量最多，出现56家，占比达到21.1%。浙江、上海的占比也超过10%，而江西、陕西、云南、辽宁、内蒙古、新疆、吉林的数量最少，均为1家，占比均为0.4%。

互联网金融行业主要资金在房地产、影子银行业务和风险性行业追逐暴利，使财富创造能力、债务偿还能力和可持续盈利能力无法得到稳定的产业支撑和政策保障，成为行业整体性信用风险的巨大隐患。同时，互联网金融平台财富创造能力普遍低下，六成以上平台无法维持正常经营发展，靠自融、滚动融资等方式维持生存，互联网金融泡沫化开始形成。

黑名单产生的原因主要有：经营管理不善占25%，投资失败占21%，信用平台形成资金池占34%，金融欺诈占20%。2014年全部黑名单平台造成的直接经济损失为659亿元，占全年网贷平台交易总量的26.36%。

5.2.2.4 大公 P2P 平台信用风险地图、黑名单及预警观察名单

(1)2014 年度大公 P2P 平台信用风险地图(图 5-3、表 5-1)。

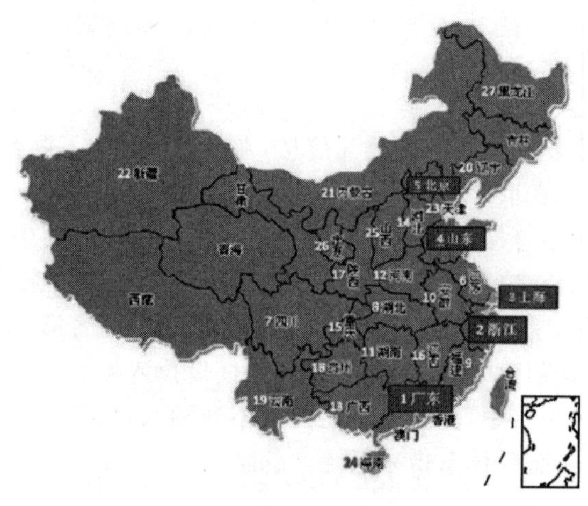

图 5-3 2014 年度大公 P2P 平台信用风险地图

表 5-1

省份	排名	预警名单占比(%)	黑名单占比(%)
广东	1	19.56	21.35
浙江	2	13.48	14.61
上海	3	12.30	4.49
山东	4	8.59	11.61
北京	5	6.81	7.49
江苏	6	5.33	4.12
四川	7	4.59	9.36
湖北	8	4.00	4.49
福建	9	3.85	2.25
安徽	10	2.22	4.12
湖南	11	2.52	5.62
河南	12	2.37	0.37
广西	13	2.22	1.12

续 表

省份	排名	预警名单占比(%)	黑名单占比(%)
河北	14	1.78	1.12
重庆	15	1.43	2.25
江西	16	1.33	0.37
陕西	17	1.33	0.00
贵州	18	1.33	0.37
云南	19	1.04	2.25
辽宁	20	1.04	0.75
内蒙古	21	0.74	0.37
新疆	22	0.74	0.00
天津	23	0.59	0.37
海南	24	0.30	0.00
山西	25	0.15	0.75
宁夏	26	0.15	0.00
黑龙江	27	0.15	0.00

(2)大公网贷平台黑名单和预警观察名单(略)。

5.2.2.5 评级结果分析

在大公信用公布的网贷平台预警观察名单中,广东占 133 家,上海占 57 家,北京占 47 家。其中,上海名单尤为引人注目,因其罗列的第一个平台,便是有着银行系、上市公司双重背景的老平台陆金所。陆金所在 2014 年 12 月份成交量超过 25 亿元,在全国平台中位列第二。这样一家背景强大、实力雄厚的平台,也被列入了预警范围,使得名单的制定标准引发质疑。

5.2.3 网贷精英论坛评级

网贷精英论坛评级是根据投资人的投资体验,对部分平台进行的评级。

5.2.3.1 评级方法

网贷精英论坛根据众多投资人的体验对部分网贷平台评级,将平台分为 A、B、C、D 级,具体如表 5-2 所示。

5.2.3.2 评级名单

表 5-2 评级名单

A					
人人贷	宜贷	金宝保	金开贷	91 旺财	开鑫贷
搜易贷	银湖网	前海理想金融	黄河金融	紫金所	中广核富盈
金控网贷	德众金融	国控小微	众信金融	民贷天下	腾邦创投
珠宝贷	华金融	鹏金所			
B					
积木盒子	银豆网	爱投资	银客网	红岭创投	微贷网
聚财	投哪网	翼龙贷	迷你贷	钱多多	有利网
网利宝	鑫合汇	永利宝	你我贷	365 易贷	
C					
信融财富	PPmoney	国诚金融	团贷网	合拍在线	和信贷
中祥金融	招商贷	融金所	e 速贷	金海贷	京金联
合力贷	汇通易贷	三农资本			
D					
凤凰网贷	小商贷	中亿资本	帮客创投	齐商贷	惠众金融
广信贷	互益贷	诚汇通	微小宝	稳贷网	益农贷
信客网	恒信易贷	安贷宝	信和贷		

注:评级时间 2015 年 3 月 18 日。

5.2.3.3 评级使用

投资人可以根据该投资评级,选择 A 级或 B 级以上的平台,并参考其他要素进行平台筛选。

6 我国个人P2P网贷投资策略研究

投资人进行网贷投资时，除了要选择好的平台，还要选择好的项目，并采取适当的投资策略，才能在控制投资风险的前提下取得满意的回报。

6.1 网贷投资策略

投资人在开展 P2P 网贷投资时，需要采取恰当的投资策略。

6.1.1 理性对待网贷投资

任何一种投资，如果 95%以上投资都赚钱，这本身就是一个不正常或者说不可持续状态。2013 年以前网贷投资 95%以上的都赚钱，然而 2013 年底出现了网贷平台倒闭潮，2014 年也出现了网贷平台倒闭潮，未来还会有更多平台倒闭，带来的损失不得不由投资人买单，最终可能不到 50%的投资人能赚钱。

网贷行业以前给投资人的感觉是很容易挣钱，而且收益是其他理财的许多倍，早期投资是闭着眼睛投资的，哪个利息高投哪个，根本不在乎安全问题。网贷平台倒闭潮的发生给很多投资上了非常深刻的一课，现在的投资逐渐趋于理性。

网贷作为次级贷款，属于高收益高风险投资，只有对金融行业比较了解、风险意识比较强的人才比较适合网贷投资。

网络借贷行业的收益比余额宝、银行理财产品、信托产品收益都高，而高收益就一定伴随着高风险，网贷投资本金损失风险很大。因此，投资人需要花更多的时间研究。看清楚了再投，看懂了再投，看不懂、看不清楚的，收益再高也不投。投资人要长期考察一个平台，或者参考所信任人士的考察报告进行投资。

6.1.2 网贷平台分散投资

网贷投资风险较高，因此需要分散平台投资，避免因单个平台倒闭而损失惨重。例如，投资人有 100 万元资金开展网贷投资，把这 100 万元分散到 10 个平台，如果倒了一家还有 90 万元，倒了 2 家也没有关系，倒了 3 家才损失 30 万元；如果前一年不倒后面倒了，前一年的收益还是可以覆盖风险的。

这种分散投资的前提是所选择的 10 个平台都倒闭的概率很小，因此投资人进行分散投资前先要精选平台然后再分散投资。

投资人在进行网贷投资时，首先要按照收益进行阶梯化投资，例如有 300 万元资金，可以分成 3 份。100 万元投资到高收益平台，息 2 分以上，花费 60%的时间精力放在这个平台;100 万元投资中等收益平台,息 12%～18%,花费 30%的时间精力放在这个平台;100 万元投资到低收益平台,花费 10%的时间精力放在这个平台,稍微关注一下它就行了。

根据以上大致收益水平分成 3 个档后,在每个档的平台上选取 5 家左右的平台。再结合安全性、流动性等其他要素考察,每档最终选取 2 到 3 个平台投资。总的投资平台数量在 6 到 9 个左右,低于 5 个平台分散不够,超过 10 个则没有精力对每个平台保持足够的关注度。

6.2 项目选择策略

投资人在开展 P2P 网贷投资时,需要根据自身的收益风险预期、资金情况等选择合适的项目。

6.2.1 选择合适的项目

首先要有充裕的资金,然后全天候关注各个网贷平台,找几家可靠的平台投到高息的标投上,然后自己再低息一点发净值标赚取差价,同时,如果遇到秒还标也小赚一笔。另外,金额累计一定数量,有的是免 VIP 费用,有的是能返还一些积分或者是金额的,一有合适的就投,在线时间要长。

6.2.2 选择合适的还款方式

网贷平台项目不同的还款方式会影响到投资人的资金流入时间,投资人应当根据自己的资金使用期限、投资需求等选择与自身需求匹配的投资项目。

6.2.2.1 网贷投资还款方式分类

网贷投资还款方式主要可分为以下几种:

(1)等额本息还款法。

等额本息还款法是指在项目期限内,借款每期偿还相同的金额(包括本金和利息),如有利网推出的息通还款方式即为等额本息还款法。该还款方式主要用于期限较长的标的。

例如,某人借款 50 万元,期限 1 年,年利率 12%,则月利率为 1%。投资人每月均可获得本息 44424.39 元,满期总共可以获得利息收益 33092.

73 元。

要注意的是，投资获得的利息并不是 50000×12%=60000 元，因为投资每个都可回收部分本金和利息，只有每期收回的本金和利息都以 12%的年利率复投才能达到这个收益水平。

(2)先息后本还款法。

先息后本还款法是指借款人先支付利息，到期一次偿还本金的还款方式。如有利网推出的定存宝业务就是采用先息后本还款法。同样 50 万元，年息 12%，息 1%，期限 1 年，那么每个还款利息都是 5000 元，第 12 个月一次性还款 50.5 万元。一共还款 56 万元，共支付利息 6 万元。该还款方式主要用于期限较长的标的。如果不考虑本金复投，采用先息后本还款法的网贷项目，投资将获得比等额本息还款法更高的回报；如果考虑利息复投，采用先息后本还款法的网贷项目，投资将获得比合同利率更高的回报。

(3)到期一次还本付息还款法。

到期一次还本付息还款法是指借款到期一次性偿还所有的本金和利息，到期前不支付本息。很多平台的债权转让标都采用到期一次还本付息还款法。同样 50 万元，年息 12%，息 1%，期限 1 年，投资人在 1 年后可收回本息 56 万元。该还款方式主要运用于期限较短的标的。

6.2.2.2 投资对还款方式的选择

如果单从利率角度来看，在合同利率相同，利息复投收益相同且无资金站岗的情况下，投资选择先息后本还款法收益最高，等额本息还款法次之，到期一次还本付息收益最低。

对于投资人来说，等额本息还款法的优势在于能获得稳定的现金流入，也可以降低坏账发生时的损失，缺点在于每次收回本息后需要及时复投，以免降低整体收益水平；先息后本和到期一次还本付息好处在于资金不会被打散，不用担心每个投标问题，劣势在于由于最后一期才还本金，变数较大，不能及时跟踪和控制风险，借款最后一期还款压力太大，逾期坏账几率大大增加。一旦同时出现金额较大的多笔订单逾期，平台的风险就会急剧增大。投资人也会提现，停止投资，这将进一步加大平台的风险，最终影响投资人的资金安全。

作为 P2P 的投资人，如果时间较为充裕，可以选择等额本息还款，每期将收回本息复投，在达到预期收益水平的前提下控制风险；如果时间不是很充裕，可以选择先息后本或到期一次还本付息，先息后本产生的利息可以选择自动复投，以提高资金使用效率。

6.2.3 选择合适的期限

网贷项目的期限越长，风险也越大；但期限过短，投资需要不断投标，会占用大量的时间，也存在无标可投的风险。各网贷平台提供的产品期限多种多样，从几天到 36 个月不等。投资可以根据以下几个方面选择适合自己的投资期限：

第一，如果资金可以长时间使用，则可以选择期限较长的项目；如果资金只能短期使用或者不明确，则尽量选择短期项目。

第二，风险承受能力较弱的投资人，可以选择期限较短的项目，回款速度快，坏账风险可能性小；风险承受能力较强的投资人可以选择期限较长的项目，减少资金站岗和投标次数。

第三，对平台了解比较全面的投资人，可以选择期限较长的投资项目；新进入平台的投资人或者对平台了解不深的投资人，尽量选择短期项目，降低投资风险。

6.3 项目投资策略

网贷投资时，除了要对投资的平台进行分散投资，也要对同一个平台投资的项目进行分散投资，以降低某一类项目或某个项目发生坏账时带来的损失。

6.3.1 项目类别分散

每个平台都会推出不同类别的项目，每类项目的收益水平各不相同，投资人可以在不同的项日类别间分散投资，降低某类项目发生风险时带来的损失。如红岭创投，按照标的类型可分为信用标、净值标、快借标、推荐标、资产标、秒还标、公信贷，投资人可以选择不同类型的标的类型分散投资。

6.3.2 项目期限分散

每个平台会有期限不同的项目，投资人可以在不同期限的项目之间分散投资，在短期的低风险和长期的收益稳定间平衡。例如，红岭创投投资项目的期限可分为 30 天内、1 个月、1～3 个月、3～6 个月、6～12 个月和 12 个月以上，投资人可以选择不同期限的标的错配。

6.3.3 项目利率分散

每个平台都有不同利率的项目供投资人选择，投资人可以分别投资不同利率水平的项目，以降低整体投资风险。如红岭创投不同期限的标的利率都不同，投资人可以根据投资期限确定不同利率水平。此外，同一期限的标的有时利率也会有较大差异，对于借款因着急用钱而提高利率的，投资人可以考虑投资高利率标的；对于借款信用程度低、抵押物担保不够或是借款资金用途风险高的，投资人要慎重投资。

6.4 网贷投资维权策略

2014年以来，网贷行业问题平台不断出现。2014年全国出现提现困难或倒闭的P2P平台达275家，与2013年76家问题平台相比大幅增加。当平台提现困难或跑路时，投资人的本金可能遭受重大损失，甚至血本无归。投资人除了在投资前要仔细甄别慎重投资，当遇到平台出现问题时，也应学会维权以尽可能减少损失。

6.4.1 及时保存各项证据

当平台出现问题时，网站可能关闭，电话可能停止使用，QQ群和微信群被解散，而投资维权首先需要出示自己平台投资身份、平台投资记录等相关证据，因此投资人要为投资的每个平台创建一个文件夹，截图平台的基本信息、自己账号的基本信息、投资记录，下载每项投资的借款协议书，并做备份保存。

6.4.2 确立维权意识

投资在遭遇问题平台时要有维权意识，并积极参与到维权中，不要把维权的希望寄托在别的投资人或者大户的身上。因为投资者人数众多，且不同投资人待收金额不同，导致很难达成统一的维权解决方案。涉及金额较大的受害投资人并不愿意报警，因为一旦立案并进入司法程序之后，受害投资人只能等待案件审理结束之后得到补偿，等待时间长，回款率低；中小投资人更倾向于将公司告上法庭，能回多少算多少，关键是让平台得到应有的处罚。投资人要维护自己的切身利益，应当积极参与维权。

6.4.3 选择合适的维权方式

投资人在维权时，需要选择合适的维权方式，才能更好地维护自己的合法权益。

6.4.3.1 投资维权的主要方案

P2P 网贷平台出现问题时，投资人有效的维权方法主要有 3 个：刑事报案、民事追偿和谈判。

(1)刑事报案。

刑事报案的优势是效率高，花费少。受害投资人需前往当地公安经侦部门报案，提供相应证据，选择一个或多个罪名。刑事立案不需要立案费，一旦立案，公安机关会组织侦查布控。但劣势是事情没有回旋的余地，投资人报案后，案件进入公诉案件程序，本人不能再撤诉，而且受害只能等待案件审理结束之后得到补偿，等待时间长、回款率低且投资的收益不受保护。

(2)民事追偿。

相比刑事报案，民事追偿的优势是自己可把控进度。受害投资人作为原告到平台所在地法院民事庭起诉，需缴纳诉讼费。原告需提供被告的身份证复印件、真实地址等。但劣势是花费较大，效率较低，如遭遇地方保护主义，立案难度较大。

(3)谈判。

投资可以直接与平台谈判，这一方案的优势是私密性较好、回款可能性大。因为当平台出事初期，负责人肯定会想办法挽救和减少影响。一般来说，出事平台钱都紧张，所以会采用木桶原理，用最少的钱来解决最多的，所以通常会优先把投资金额小的散户清掉。谈判的方法主要适用于平台提现困难初期，但这一方法时机把握不准稍纵即逝。

6.4.3.2 投资人维权方案的选择

投资人要注意观察投资网站的蛛丝马迹，一旦发现问题尽可能在第一时间赶到平台所在地，与平台谈判，争取收回本息，下一步考虑民事追偿和刑事报案，如网站管理者已被刑拘，考虑推进刑事案件进程，以免被拖延至不了了之。

6.4.4 抱团自救和寻求律师帮助

网贷投资如果要以个体的力量维权难度太大，网贷投资者多数不在平台所在地，如果到平台现场维权，会涉及大量的时间和金钱成本，大多数人耗不起。而网贷平台一旦出事往往会涉及很多投资人，这时抱团自救和寻求律师帮助就非常重要。抱团自救可以集合大家的时间和金钱，可以一起聘请律师，面对平台谈判时也有更大的话语权，但抱团自救的困难在于：第一，组织者需要耗费较多的时间和精力，可能会出现无人出头的情况；第二，大户和散户的目标不完全一致。

作为网贷投资人，遇到问题平台时，应与其他投资人一起成立统一的维权组织，建立 QQ 群等联系通道，共享相关信息；保持维权机构独立性，避免内部纷争。

7 P2P网贷投资的其他问题

投资人在进行网贷投资时，除了要选择合适的平台，选择合适的项目，采取恰当的投资策略，还有一些问题需要考虑。比如，平台刚性兑付对投资人一定是好事吗？网贷投资保本保息和保本不保息有什么不同？如何看待平台风控和交易量的矛盾？投资人是否可以用网贷黄牛的操作方法提升回报？投资人是否可以通过薅羊毛提升投资回报？

7.1 刚性兑付

所谓刚性兑付,指项目产品发生兑付困难时,公司需要兜底处理,即从投资人手中回购债权再自行处理。这一过程实际是将风险从投资人身上后置到平台身上。而打破刚性兑付,则是当项目产品发生逾期时平台不兜底,而是根据流程走,不论是拍卖抵押物还是其他手段,最终都将处置所得资金归还给投资人。这属于风险前置。无论风险前置还是后置,当一个项目尽职调查完整、抵押物足值、风控措施到位,理论上来说风险都是可控的。而且即使一个项目发生问题,也不会影响到平台上其他项目和整体运营。

站在投资人的角度,自然希望网贷平台能够兜底,这样就能高枕无忧地享受高收益。对平台而言,兜底本是在规模越来越大的网贷市场中争夺客户的利器,但是当兜底成为行业的常态,平台反而会被兜底掣肘,如果谁先提出不兜底注定会沦为牺牲品。

从网贷投资的角度,投资人应尽量选择坏账发生时愿意第一时间兜底的平台。

7.2 公证在治理 P2P 坏账“顽疾”中的作用

在网贷投资中,当债务出现违约时,如果走正常法律流程,即使能顺利立案,从开庭到一审、二审,也会经历漫长的周期,不仅消耗巨大,而且还存在各种风险。如果借助公证的力量,平台的坏账处理过程会加快很多。法院判决书、仲裁裁决书、公证执行证书都可以作为法院强制执行的依据。如果履行了公证手续,债权凭借公证机关出具的执行证书可以直接申请强制执行,省却漫长的立案、审理过程。

因此,投资人在开展网贷投资时,特别要留意抵押物有没有进行公证,有公证的借款项目和平台比较值得投资。

7.3 风控和交易量的矛盾

当一个平台很关注风控的时候，必然导致平台贷款审核程序时间的延长和平台项目的减少；当一个平台更关注交易量的时候，其风控往往被弱化，除非平台足够强大，在市场上有足够的吸引力。

例如汽车抵押贷款，很多投资会认为有车做抵押，这个借款项目应该是很安全的，其实不然。一些借贷机构为了提高业务量，宣称“车子只要开过来办好手续，一天就可以放款”。之所以能做到一天放款，是因为这些借贷机构不需要打印征信报告，也不需要打印银行流水，不需要到家里进行实地征信，不需要对借款的相关负债进行分析和走访调查。脱离以上流程后，贷款机构确实可以在一天内实现整个抵押、办手续以及放款的全部流程，因为只需要借款人拿着机动车登记证去办理抵押就可以了。

这个操作流程为后面埋下了巨大的风险隐患。很多人认为车主本人签下“自愿车子被处理”的协议后，刻意地将车子价格评估低一些，保证后期即使车主不还钱的情况下车子也能在十分钟内卖掉，看似做汽车抵押的风险不大，其实不然，弱化风控后的汽车抵押贷款存在以下几方面的风险：

第一，当没有家访、没有实地征信、没有银行流水、没有征信报告时，平台无法分析借款人的还款能力、还款意愿、还款来源。只是在车上装个GPS，当借款人有其他债务纠纷发生的时候，这部车可能会被保全。也就是说，如果车还找得到，资金还是相对安全的，但抵押而被保全的车辆失联和遗失屡见不鲜。

第二，大部分人的观点认为，有汽车做抵押，安全性高，出问题可以将车处理掉，但如果没有详尽的风控，汽车处置款可能无法覆盖借款本息。由于4S店一般都提供贴息车贷，80%的人买车不会付全款，一般都是24～36个月的等额本息还款，很可能汽车在办理抵押贷款的时候按揭尚未还清，发生坏账后卖掉汽车所得价款可能无法保障投资的本息。

所以投资人在分析一个平台时，不要被平台过于庞大的交易量所迷惑，要看平台的交易量有没有建立在严格风控的基础上，风控严密，交易量大的平台才是好平台。

7.4 保本保息与保本不保息

保本保息，就是网贷平台引入风险备付金或者第三方担保公司，来对投资用户的本金和利息安全进行全额保障。这是目前大部分平台所采取的保障模式。保本保息的项目一般而言是相对安全的，往往建立在安全系数高，如抵押贷、银行票据或者过桥业务的前提下。当项目出现逾期，平台手上有足额抵押物的话，一般是足以覆盖逾期数额的。但处置抵押物需要时间，因此，平台为了维护用户资金安全，保证平台信誉，通常会先用平台的风险备付金或由合作的第三方担保公司进行垫付，待抵押物处理折现再回笼资金。

保本不保息，就是保障本金但不保障利息，这有两种情况，一是项目本来就不是固定利率的，利率有浮动空间，无法保障；二是固定利率的项目一旦逾期，平台只愿意垫付用户的本金。目前有部分平台采取会员等级制度，普通会员保本不保息，甚至本息不保，而 VIP 会员则有本息全额保障。因此，投资人在投资平台和项目时要要关注平台是保本保息还是保本不保息，尽量投资保本保息的平台和项目，对有会员等级制度的平台，要事先分析达到保本保息的会员等级成本是否能够接受。

7.5 网贷黄牛

网贷黄牛指在网贷平台投资的投资人以个人投资净值做担保，发布净值标，通过低息借入高息借出而赚取利息差的一类投资。

目前，网贷黄牛已经成为网贷界的主要组成部分，其规模相当庞大。各方对网贷黄牛的评价也是褒贬不一。一种观点认为，网贷黄牛作为网贷界的一分子，盘活了资金流转速度，有极大的积极作用；另一种观点认为，网贷黄牛作为投资赚取利差，对广大投资人不公平。

黄牛通常会选择能发净值标、借款手续费低、借贷息差大、满标速度快的平台，如温州贷、中原贷，红岭创投等。

例如，投资人在某平台投资了 10 万元的 3 个项目，年利率 20%，然后以该投资资产为抵押，按 90% 比例在平台上发布一个贷款 9%，年利率为 15%，然后投资 9 万元 20%年利率的 3 个借款项目，不断以 90%的比例投资和借款，如果不提现的话资金量最大可以放大 10 倍，如果有 10 万元左右资金，可以放大到最多 100 万元。

7.6 薅羊毛和羊毛客

薅羊毛，取自赵本山和宋丹丹春晚小品中白云大妈的台词“薅社会主义的羊毛”，后被称为“薅羊毛”。

网贷平台中的薅羊毛指平台为了推广、提升人气、提高满标速度等而开展的激励活动。

羊毛客是指游走在各个平台之间，深谙平台的促销活动及游戏规则，以亲身体验宣传与平台相关信息，游说或推荐其他投资人的投资客。

对于平台而言，这些羊毛客在宣传和推广平台上起到了功不可没的作用。但如果平台不能满足他们的某些“要求”，被黑的情况也时有发生，所以说羊毛客是一把双刃剑。

投资人如果时间比较充裕，可以参与各个平台的宣传和推广活动，或者推荐他人进行投资以提高投资回报。

附　　录

附录 1　部分运营平台一览表

序号	名称	成交量（万元）	平均利率（%）	投资人数（人）	平均借款期限（月）	人均借款金额（万元）	注册资金（万元）
1	红岭创投	779151.52	12.02	74049	5.59	146.82	5000.00
2	PPmoney	149784.63	12.41	52164	3.06	9.96	3000.00
3	陆金所	117267.03	8.17	2073	29.18	4.05	83667.00
4	e 租宝	92600.00	11.22	17051	10.81	2583.78	10000.00
5	温州贷	87187.05	13.35	7882	1.07	186.30	5000.00
6	微贷网	77442.83	14.86	21946	1.66	7.06	3100.00
7	鑫合汇	58086.67	10.16	18213	1.59	18.96	1000.00
8	金信网	49415.76	10.44	7881	9.13	12.01	10000.00
9	积木盒子	44110.37	9.12	28105	5.21	16.19	2400.00
10	易贷网	41133.92	11.98	8395	3.63	28.03	10000.00
11	爱投资	40361.76	11.88	20024	7.88	19.55	500.00
12	投哪网	38228.98	11.16	19781	1.84	18.80	5000.00
13	金银猫	36806.90	7.21	6649	3.31	59.80	3000.00
14	钱爸爸	36531.00	13.68	6026	1.71	545.24	5000.00
15	国诚金融	34533.97	15.53	6256	2.79	47.96	5000.00
16	团贷网	33531.89	15.26	9510	6.11	179.31	10000.00
17	宜人贷	32685.88	11.97	31615	38.00	6.92	1000.00
18	88 财富网	31078.88	7.75	4103	2.57	1635.73	20000.00
19	招商贷	29478.00	19.54	5657	3.16	508.24	5000.00
20	温商贷	29450.00	16.42	8116	3.51	420.71	10000.00
21	有利网	29155.96	9.49	16832	7.58	71.99	1700.00

续　表

序号	名称	成交量（万元）	平均利率（%）	投资人数（人）	平均借款期限（月）	人均借款金额（万元）	注册资金（万元）
22	人人贷	29030.09	12.19	37291	29.61	6.19	10000.00
23	91 旺财	28391.03	9.46	5633	1.92	405.59	5000.00
24	你我贷	27938.53	12.64	40538	31.34	9.55	10500.00
25	融金所	25091.07	17.39	4499	1.66	24.97	3000.00
26	658 金融网	24016.10	11.90	2399	1.05	60.19	4000.00
27	合拍在线	23696.20	15.18	17735	2.43	115.89	10000.00
28	向上金服	22326.14	11.44	13210	25.91	1.26	1000.00
29	翼龙贷	20444.50	18.22	1292	10.96	7.46	100.00
30	财富中国	20050.00	14.92	1191	3.77	196.69	77000.00
31	钱多多	19640.00	14.39	6959	4.94	1286.06	1000.00
32	众信金融（京）	19542.00	11.92	2564	9.06	2442.75	1000.00
33	和信贷	18790.38	16.24	6021	4.39	37.58	10001.00
34	晋商贷	18608.84	16.30	8388	10.36	1072.83	5000.00
35	前海理想金融	18557.00	12.91	5795	3.51	421.75	2000.00
36	汇盈贷	18449.90	13.46	5816	3.10	1419.22	105810.00
37	地标金融	18340.00	16.34	5760	2.96	1018.89	2000.00
38	人人聚财	17762.91	13.18	14230	14.99	2.57	5000.00
39	珠宝贷	17600.00	14.21	2895	2.60	880.00	43000.00
40	808 信贷	17480.60	20.45	1512	3.52	39.22	2500.00
41	小牛在线	17267.04	12.33	7251	8.71	2.18	10000.00
42	银客网	17055.48	10.88	7728	5.61	110.04	1000.00
43	易九金融	17050.00	9.63	1117	5.03	631.48	3000.00
44	365 易贷	16706.01	17.79	5715	2.64	45.45	4500.00
45	财源宝	16673.31	15.21	1139	0.68	980.78	10000.00

续 表

序号	名称	成交量（万元）	平均利率（%）	投资人数（人）	平均借款期限（月）	人均借款金额（万元）	注册资金（万元）
46	永利宝	15383.91	12.44	3096	3.45	141.14	1000.00
47	腾邦创投	15215.80	18.25	1670	7.67	507.19	1000.00
48	付融宝	14373.32	12.72	7565	6.99	39.35	600.00
49	信融财富	13867.07	16.22	5239	3.85	11.43	5000.00
50	e速贷	12649.05	11.42	4980	1.83	37.77	5500.00
51	金联储	12504.70	9.75	5255	3.13	847.65	10000.00
52	中融宝	11907.61	11.68	2835	1.96	425.27	10000.00
53	合时代	10919.00	16.75	5750	2.25	580.95	5000.00
54	一城贷	10772.00	26.21	1198	1.94	384.71	20000.00
55	金宝保	10210.00	9.09	650	12.52	464.09	—
56	花果金融	9996.00	14.68	1948	9.11	1110.67	5000.00
57	金牛在线	8265.00	14.35	1811	1.16	1434.17	3000.00
58	速可贷	8256.63	21.75	2530	2.64	7.73	1000.00
59	微金所	8185.83	11.82	2481	6.43	48.15	4000.00
60	诚汇通	8042.81	29.06	1892	3.88	111.71	3000.00
61	理财范	7947.78	13.31	3819	8.30	993.47	1100.00
62	互利网	7814.00	14.00	591	5.69	601.08	500.00
63	国湘资本	7797.42	27.07	2147	4.40	674.82	2000.00
64	广信贷	7741.50	19.64	2833	1.39	44.41	1000.00
65	爱钱进	7728.13	13.38	30660	30.51	1.62	1000.00
66	礼德财富	7671.43	14.49	3453	3.91	98.35	1000.00
67	银湖网	7565.20	11.51	4006	5.97	65.78	10000.00
68	口贷网	7548.19	18.00	566	4.93	328.18	5000.00
69	点滴身边	7410.75	13.95	12539	3.32	411.71	1000.00
70	金融工场	7320.30	10.86	3684	5.06	488.02	1000.00

续　表

序号	名称	成交量（万元）	平均利率（%）	投资人数（人）	平均借款期限（月）	人均借款金额（万元）	注册资金（万元）
71	德众金融	7100.00	11.49	1604	9.38	417.65	1000.00
72	聚有财	7089.70	9.01	698	10.68	114.65	1000.00
73	天勤在线	7057.00	23.93	1099	1.53	784.11	3000.00
74	爱贷网	7024.30	10.83	1099	0.52	94.92	1000.00
75	众金在线	6928.00	13.91	6112	1.41	329.90	1000.00
76	收获宝	6861.20	15.61	1228	1.72	490.09	3000.00
77	金海贷	6650.00	17.17	3772	8.94	978.57	5000.00
78	汇投资	6647.00	14.25	4292	5.32	332.35	10000.00
79	银豆网	6635.82	14.22	1667	9.43	207.37	8000.00
80	龙贷	6380.00	11.90	2502	3.67	638.00	1000.00
81	诺诺镑客	6264.35	11.85	2574	24.02	0.91	1000.00
82	迷你贷	6169.90	19.29	1986	1.06	166.75	500.00
83	好帮贷	6134.81	11.43	852	0.63	60.12	100.00
84	网利宝	5978.30	13.90	6555	5.34	117.22	5000.00
85	新联在线	5910.00	16.80	3711	3.16	394.00	1000.00
86	雪山贷	5671.24	13.62	1563	2.78	166.80	6000.00
87	安心贷	5522.96	14.36	13090	9.82	28.47	1000.00
88	融易融	5178.00	17.63	1599	3.82	79.66	6000.00
89	三信贷	5109.00	26.08	1433	2.63	106.44	1000.00
90	工商贷	5100.42	13.26	1576	2.77	119.86	500.00
91	金 e 贷	4940.00	19.29	624	2.54	120.49	2000.00
92	月月贷	4849.78	20.22	1737	3.72	6.59	1003.00
93	起点贷	4610.51	21.78	1110	2.47	31.58	5000.00
94	义乌贷	4435.70	22.77	608	1.86	38.91	600.00
95	金开贷	4250.00	8.76	566	7.01	283.33	1000.00

续 表

序号	名称	成交量（万元）	平均利率（%）	投资人数（人）	平均借款期限（月）	人均借款金额（万元）	注册资金（万元）
96	后河财富	4188.40	17.48	680	4.63	8.74	1000.00
97	民民贷	4144.00	16.89	607	1.30	54.53	5000.00
98	互融宝	4120.00	15.43	1156	4.48	257.50	1000.00
99	众金融	4066.28	24.25	688	4.81	104.26	5000.00
100	禾泰财富	4029.73	14.13	137	2.46	268.65	1000.00
101	通融易贷	3872.68	19.56	1033	3.20	38.73	1000.00
102	金票通	3854.83	7.08	1379	2.49	82.01	2000.00
103	爱上理财	3811.10	21.38	1061	2.54	90.74	2000.00
104	生菜金融	3808.23	10.32	687	6.08	65.66	1133.00
105	粤商贷	3805.00	17.25	637	1.00	271.79	5000.00
106	安星财富网	3778.00	11.21	3152	1.36	188.90	1000.00
107	新新贷	3738.27	9.99	585	4.48	36.29	3000.00
108	多多智富	3644.00	16.27	867	1.28	98.49	1000.00
109	小油菜	3616.50	14.00	1573	4.41	55.64	1000.00
110	融科贷	3358.50	19.74	1092	2.45	73.01	5000.00
111	融资易	3300.00	14.89	873	3.14	300.00	1000.00
112	黄鹤财富	3283.93	23.06	522	3.13	52.97	2160.00
113	美冠信投	3244.86	33.98	727	2.25	30.05	1000.00
114	融贝网	3206.71	12.15	1719	5.18	230.67	1000.00
115	四达投资	3203.30	17.41	2861	5.20	8.26	1000.00
116	紫枫信贷	3168.40	21.19	1165	5.06	62.13	500.00
117	广富宝	3159.70	15.27	519	0.90	14.64	100.00
118	星创投	3011.00	27.82	870	2.82	167.28	1000.00
119	钱吧	2987.01	12.02	1191	16.62	14.64	2000.00
120	168理财网	2945.54	14.33	5863	5.51	155.03	500.00

续　表

序号	名称	成交量（万元）	平均利率（%）	投资人数（人）	平均借款期限（月）	人均借款金额（万元）	注册资金（万元）
121	沃时贷	2909.45	24.74	802	2.46	24.05	2000.00
122	恒信易贷	2906.34	20.10	1451	1.69	10.69	1000.00
123	短融网	2840.40	13.20	687	2.20	50.72	3000.00
124	宁创贷	2743.00	17.48	346	2.30	17.14	2000.00
125	鼎信贷	2638.01	21.82	415	1.55	109.92	3000.00
126	普天贷	2608.85	12.50	1121	5.00	48.31	3000.00
127	立业贷	2605.60	18.71	551	1.39	10.64	2000.00
128	微金在线	2512.10	18.17	458	1.06	38.65	—
129	沪商财富	2501.30	20.05	221	1.32	17.25	300.00
130	口碑贷	2500.00	9.94	305	4.32	208.33	1000.00
131	讯泊达	2485.10	16.12	141	1.75	60.61	3000.00
132	万家兄弟	2470.00	11.70	228	2.61	308.75	1000.00
133	银票网	2410.37	7.19	5601	2.92	38.88	3000.00
134	速帮贷	2372.55	18.00	454	8.82	8.21	4000.00
135	开心贷	2368.09	15.81	963	3.56	94.72	100.00
136	大丰收金融	2348.00	15.74	469	0.65	86.96	2000.00
137	商富贷	2314.40	18.75	297	2.09	9.60	500.00
138	信和贷	2278.75	23.29	725	1.81	35.61	5000.00
139	金源贷	2266.80	19.18	229	2.35	302.60	—
140	我企贷	2266.28	14.75	1854	6.50	53.96	1000.00
141	领投羊	2224.00	18.05	347	1.15	34.22	2000.00
142	凤凰网贷	2210.00	26.70	310	3.01	157.86	2000.00
143	玖融网	2085.80	18.42	1628	5.01	12.42	1000.00
144	超贷	2049.50	18.97	192	1.22	13.40	500.00
145	贷贷兴隆	1957.00	9.44	232	8.29	244.63	2000.00

续 表

序号	名称	成交量（万元）	平均利率（%）	投资人数（人）	平均借款期限（月）	人均借款金额（万元）	注册资金（万元）
146	慧财网	1939.20	19.49	527	5.92	58.46	1000.00
147	钱贷网	1908.50	17.22	400	2.23	86.75	1000.00
148	融通资产	1900.00	18.65	696	2.07	73.08	2000.00
149	e 微贷	1814.20	14.35	419	4.69	43.10	5000.00
150	汇投网	1808.00	12.66	3350	2.13	164.36	3000.00
151	两只老虎	1780.00	14.33	541	48.43	136.92	1000.00
152	趣钱	1760.00	14.28	413	3.33	352.00	5000.00
153	飞速贷	1711.50	19.07	333	1.70	62.91	1000.00
154	楚金所	1709.33	10.42	346	7.96	27.57	5000.00
155	融信网	1707.00	20.38	356	2.17	36.32	1088.00
156	浙昌贷	1648.00	12.00	71	1.12	45.78	500.00
157	房金所	1615.00	9.57	204	12.00	35.23	2000.00
158	信客网	1607.50	21.39	479	1.31	14.88	1000.00
159	乾贷网	1600.00	12.00	631	7.47	400.00	1000.00
160	九斗鱼	1553.00	10.88	1259	2.37	155.30	200000.00
161	皖都金融	1531.10	21.93	411	4.28	255.18	3430.00
162	360 贷贷网	1529.40	14.08	506	5.51	127.45	5000.00
163	河马在线	1480.00	15.23	749	2.11	70.48	2000.00
164	58 财富	1477.35	11.91	204	3.05	73.87	1000.00
165	博拓创投	1473.00	18.09	193	1.77	132.33	2000.00
166	步步盈	1470.00	11.83	267	4.19	245.00	10000.00
167	圈圈贷	1440.30	16.27	414	2.22	14.26	10100.00
168	小微时贷	1413.40	19.96	145	0.97	12.29	5000.00
169	中广核富盈	1371.20	7.08	131	1.00	1371.20	1000.00
170	排队贷	1329.00	17.35	296	2.58	94.93	1000.00

续　表

序号	名称	成交量（万元）	平均利率（%）	投资人数（人）	平均借款期限（月）	人均借款金额（万元）	注册资金（万元）
171	宏信创投	1300.00	22.40	124	1.00	162.50	3000.00
172	丁丁贷	1283.69	19.21	400	1.91	11.89	500.00
173	惠众金融	1248.75	18.13	895	4.18	9.68	5000.00
174	中金贷	1195.00	16.97	181	0.56	199.17	1450.00
175	U 贷网	1147.00	14.85	84	3.73	37.00	9800.00
176	合盘贷	1142.65	13.33	1282	3.93	47.61	1300.00
177	印子坊	1125.00	18.80	352	3.31	160.71	1000.00
178	莱商贷	1028.00	26.16	367	1.87	42.83	600.00
179	武汉贷	989.00	25.27	255	2.71	123.63	500.00
180	资易贷	967.70	12.10	233	2.67	53.76	5000.00
181	私房钱	934.91	14.15	191	2.47	133.56	1000.00
182	本利宝	930.00	20.95	82	2.57	186.00	10000.00
183	长投在线	906.00	9.00	186	1.00	82.36	10000.00
184	国富通	745.40	20.03	697	1.80	45.85	3000.00
185	盈天下	737.51	23.28	291	3.50	26.34	2000.00
186	世宇财富	723.00	21.23	160	1.60	20.08	1000.00
187	钱富通	707.40	18.00	232	2.10	64.31	2000.00
188	长久贷	692.60	23.00	655	3.10	34.63	6000.00
189	车来贷	675.60	17.86	152	1.01	27.02	1000.00
190	惠车贷	657.00	18.04	168	1.04	16.43	1000.00
191	融贷通赢	646.80	14.83	450	9.22	11.98	500.00
192	沃资本	645.66	22.83	884	1.53	32.28	1000.00
193	投促金融	634.10	13.57	247	11.15	317.05	2000.00
194	山水聚宝	632.61	24.76	149	2.02	28.76	2000.00
195	徽商贷	617.00	20.39	106	1.91	32.47	1000.00

续　表

序号	名称	成交量（万元）	平均利率（%）	投资人数（人）	平均借款期限（月）	人均借款金额（万元）	注册资金（万元）
196	易贷在线	578.80	17.34	623	1.18	33.68	3000.00
197	人文贷	568.00	16.00	332	2.18	51.64	5000.00
198	百聚财富	545.00	33.17	81	1.00	16.03	200.00
199	宏鑫宝	544.00	14.78	253	3.07	15.11	10000.00
200	众信在线	541.00	11.39	260	4.00	23.68	5006.00
201	宁安贷	529.00	19.76	284	2.51	20.35	5000.00
202	易融贷	523.00	19.58	171	1.37	26.15	1100.00
203	银达贷	500.98	13.24	161	6.76	5.39	1030.00
204	渣丰投资	493.20	24.25	119	2.68	27.40	500.00
205	果树财富	487.12	18.85	574	2.78	7.27	530.00
206	壹心贷	481.00	18.10	96	4.36	34.36	5000.00
207	典金所	441.70	13.57	223	1.44	19.20	1000.00
208	聚投融	437.00	14.00	107	3.23	109.25	5000.00
209	投储在线	437.00	15.90	138	2.39	11.50	1000.00
210	潮贷	415.00	12.58	216	2.76	41.50	1000.00
211	天玑汇富	407.50	14.15	255	2.70	81.50	10800.00
212	乐投壹佰	400.00	12.50	598	2.00	133.33	1000.00
213	聚金资本	370.00	18.16	194	2.16	52.86	10001.00
214	微车融	359.55	18.00	137	1.05	6.78	1000.00
215	信用宝	356.40	8.28	215	3.47	10.48	1000.00
216	特易贷	297.51	10.66	55	6.46	11.44	1000.00
217	友贷网	291.55	17.15	201	3.64	41.65	500.00
218	51 如易贷	280.00	13.20	47	3.00	56.00	1000.00
219	V5 金融	278.00	17.71	99	1.40	23.17	1000.00
220	招宝万金	272.03	11.33	73	2.82	68.01	2000.00

续　表

序号	名称	成交量（万元）	平均利率（%）	投资人数（人）	平均借款期限（月）	人均借款金额（万元）	注册资金（万元）
221	财路通	263.57	16.40	83	20.84	7.53	1000.00
222	微众筹	256.13	26.85	138	5.27	2.03	2000.00
223	优区贷	217.30	33.01	58	1.29	11.44	100.00
224	码头益	213.00	13.03	25	6.57	35.50	1000.00
225	银畅金融	207.00	17.49	108	0.97	14.79	1000.00
226	融资谷	192.00	18.00	93	3.00	96.00	1000.00
227	可乐贷	164.00	17.22	45	4.48	32.80	2000.00
228	小富金融	160.00	17.63	103	6.38	53.33	500.00
229	众信易贷	156.00	21.95	34	2.57	13.00	500.00
230	富通贷	155.00	10.00	21	0.83	155.00	9990.00
231	腾滕聚	133.50	26.55	91	2.12	33.38	1000.00
232	贝贝贷	128.00	13.57	32	7.78	25.60	1000.00
233	大华E贷	110.00	16.98	18	4.10	13.75	1000.00
234	贷贷平安	96.00	14.50	48	2.43	19.20	1000.00
235	金发所	90.00	9.63	88	2.56	90.00	6000.00
236	汉荣鼎盛	86.00	33.63	65	2.16	21.50	10000.00
237	诚壹贷	55.00	12.65	33	1.44	3.44	200.00
238	爱投网	32.57	19.86	111	11.23	8.14	1200.00
239	滴滴投资网	29.00	14.00	13	3.00	14.50	1000.00
240	鸿利贷	20.00	20.40	16	1.00	10.00	3000.00

说明：

第一，平台数据按照2015-02-17—2015-03-18间的成交量顺序排名，同时列示平台平均利率、投资人数、平均借款期限、人均借款金额、注册资金数据。

第二，数据来源于网贷之家。

第三，数据中“—”为未查到其数据，后同。

附录 2 问题平台一览表

序号	名称	问题时间	上线时间	注册资金(万元)	地区	事件类型
1	点滴聚财	2015.03	2014.10	3000.00	山东	提现困难
2	富莱而金融	2015.03	2014.09	500.00	北京	跑路
3	贷宝宝	2015.03	2014.06	2000.00	北京	跑路
4	融资城	2015.03	2010 年	1000.00	广东	提现困难
5	大佳创投	2015.03	2014.10	10000.00	广东	跑路
6	汇泉贷	2015.03	2014.12	600.00	山东	停业
7	展翔投资	2015.03	2014.12	1000.00	山东	提现困难
8	金兴贷	2015.03	2015.02	2000.00	山东	跑路
9	三人贷	2015.03	2013.10	3000.00	四川	停业
10	人人金融	2015.03	2014.10	1000.00	广东	跑路
11	钱客金融	2015.03	2014.10	10000.00	北京	跑路
12	安贷创投	2015.03	2015.03	1000.00	浙江	跑路
13	益宝贷	2015.03	2014.12	10000.00	北京	跑路
14	联富金融	2015.03	2014.12	500.00	广东	跑路
15	安农 e 商	2015.03	2014.06	600.00	浙江	提现困难
16	盛世财富	2015.03	2014.08	1200.00	湖北	提现困难
17	易通投资	2015.03	2015.01	500.00	山东	提现困难
18	家融合	2015.03	2014.07	1000.00	四川	跑路
19	易网贷	2015.03	2012 年	500.00	山东	提现困难
20	亿谷财富	2015.03	2014.06	1100.00	浙江	提现困难
21	好收易	2015.02	2014.07	660.00	北京	提现困难
22	汇瑞财富	2015.02	2013.10	5000.00	浙江	提现困难
23	永利财富（安徽）	2015.02	2014.12	500.00	安徽	跑路
24	宏飞创投	2015.02	2013.11	2000.00	江苏	提现困难
25	世纪创想	2015.02	2012 年	1000.00	山东	提现困难

续　表

序号	名称	问题时间	上线时间	注册资金(万元)	地区	事件类型
26	安凰贷	2015.02	2014.08	5000.00	安徽	跑路
27	天达创投	2015.02	2015.01	2000.00	浙江	跑路
28	广聚财富	2015.02	2014.07	700.00	山东	停业
29	合众贷	2015.02	2014.11	1000.00	湖南	提现困难
30	泯华创投	2015.02	2015.01	100.00	海南	跑路
31	贷投帮帮	2015.02	2014.09	300.00	河北	停业
32	天成投资	2015.02	2015.02	1000.00	北京	跑路
33	联帮贷	2015.02	2013.09	2000.00	广东	跑路
34	如信网	2015.02	2014.04	500.00	浙江	跑路
35	温商金融	2015.02	2014.12	1288.00	浙江	跑路
36	鼎隆投资	2015.02	2014.12	3000.00	山东	跑路
37	云图资本	2015.02	2014.08	2000.00	四川	提现困难
38	沪乾投资	2015.02	2014.05	1000.00	上海	提现困难
39	畅贷网	2015.02	2010 年	500.00	上海	提现困难
40	中恒盛业	2015.02	2013.05	10000.00	广东	跑路
41	齐鲁金服	2015.02	2014.12	5000.00	上海	停业
42	盛融在线	2015.02	2010 年	1000.00	广东	提现困难
43	万利贷	2015.02	2014.02	1000.00	安徽	跑路
44	帮你贷	2015.02	2014.11	500.00	安徽	提现困难
45	中信贷	2015.02	2014.03	1000.00	新疆	停业
46	汇易宝	2015.02	2013.08	1000.00	海南	停业
47	翼凤贷	2015.02	2014.09	1000.00	广东	跑路
48	诚贷网	2015.02	2014.12	1000.00	海南	跑路
49	大融小贷	2015.02	2013.08	5000.00	重庆	跑路
50	旗融网	2015.02	2014.01	1000.00	河北	跑路
51	信易安	2015.02	2014.06	500.00	天津	停业

续 表

序号	名称	问题时间	上线时间	注册资金(万元)	地区	事件类型
52	21 世纪财富	2015.02	2014.09	6000.00	宁夏	停业
53	海西贷	2015.02	2014.03	500.00	福建	跑路
54	聚散贷	2015.02	2013.11	500.00	福建	跑路
55	福易贷	2015.02	2014.03	510.00	河南	跑路
56	好借好还	2015.02	2013.09	1000.00	河南	停业
57	金畅想	2015.02	2014.12	1000.00	河北	跑路
58	警安财富	2015.02	2013.08	2000.00	江西	停业
59	信诺宝	2015.02	2014.03	1000.00	广东	停业
60	中青创投	2015.02	2014.09	1000.00	河南	停业
61	乐城投资	2015.02	2015.02	1000.00	天津	跑路
62	钱江理财	2015.02	2014.07	1000.00	浙江	提现困难
63	星光财富	2015.02	2014.12	1000.00	山东	提现困难
64	汇丰贷	2015.02	2014.04	1000.00	四川	停业
65	易贷乐投	2015.02	2014.03	1000.00	四川	停业
66	青青贷	2015.02	2012 年	—	山东	提现困难
67	融资谷	2015.02	2014.05	1000.00	广东	提现困难
68	宏悦财富	2015.02	2014.03	1000.00	浙江	跑路
69	铭胜投资	2015.02	2013.11	1001.00	广东	提现困难
70	发展投资	2015.02	2013.08	1000.00	山东	提现困难
71	华盈金融	2015.02	2015.01	1000.00	上海	跑路
72	活宝汇	2015.02	2015.01	10000.00	广东	跑路
73	九华金融	2015.02	2014.05	5000.00	安徽	提现困难
74	新聪理财	2015.02	2014.07	—	湖北	跑路
75	泰麟资本	2015.02	2013.01	1000.00	广东	提现困难
76	净净贷	2015.02	2014.04	3000.00	广东	提现困难
77	鼎玉财富	2015.02	2014.03	1000.00	四川	提现困难

续　表

序号	名称	问题时间	上线时间	注册资金(万元)	地区	事件类型
78	力川金融	2015.02	2014.05	3200.00	浙江	提现困难
79	众融网	2015.01	2014.12	1000.00	江苏	跑路
80	沃利资本	2015.01	2014.09	5000.00	安徽	提现困难
81	鼎融资本	2015.01	2014.03	1000.00	浙江	提现困难
82	力安创投	2015.01	2013.11	3000.00	安徽	提现困难
83	小小易贷	2015.01	2014.12	1000.00	山东	跑路
84	玺融资本	2015.01	2014.12	5000.00	浙江	提现困难
85	广融钱多多	2015.01	2014.06	1000.00	四川	跑路
86	新乡贷	2015.01	2015.01	1018.00	河南	跑路
87	太湖金融	2015.01	2014.05	1000.00	江苏	提现困难
88	热贷网	2015.01	2011年	1000.00	上海	提现困难
89	齐鲁人贷	2015.01	2013.01	5000.00	山东	提现困难
90	酬勤贷	2015.01	2014.12	10000.00	上海	停业
91	鑫阳创投	2015.01	2014.05	1010.00	山东	提现困难
92	万鼎投资	2015.01	2014.10	1000.00	山东	提现困难
93	用心贷	2015.01	2014.11	1000.00	四川	跑路
94	汇凯鑫创投	2015.01	2014.10	100000.00	广东	跑路
95	矩顺财富	2015.01	2014.12	1000.00	山东	停业
96	呱呱贷	2015.01	2012年	1000.00	山东	提现困难
97	合汇富	2015.01	2014.10	100.00	广东	跑路
98	华信贷	2015.01	2015.01	1000.00	广东	跑路
99	里外贷	2015.01	2013.05	1000.00	北京	停业
100	金榜财富	2015.01	2014.11	600.00	山东	停业
101	华容创投	2015.01	2015.01	1000.00	陕西	跑路
102	安宜贷	2015.01	2014.06	1000.00	湖南	提现困难
103	甬发贷	2015.01	2014.08	500.00	浙江	提现困难

续 表

序号	名称	问题时间	上线时间	注册资金(万元)	地区	事件类型
104	众人贷	2015.01	2014.12	1200.00	山东	跑路
105	保全财富	2015.01	2014.11	1500.00	浙江	提现困难
106	华融天成	2015.01	2014.12	600.00	山东	跑路
107	云商贷	2015.01	2014.11	1200.00	河北	跑路
108	华夏商贷	2015.01	2013.08	1000.00	湖南	跑路
109	财神在线	2015.01	2014.10	1000.00	江苏	提现困难
110	鲁商贷	2015.01	2013.01	1201.00	山东	提现困难
111	名宏创投	2015.01	2014.12	900.00	山东	提现困难
112	泉旺创投	2015.01	2014.12	12800.00	河北	跑路
113	汾湖投资	2015.01	2014.05	10000.00	广东	跑路
114	旭鑫投资	2015.01	2014.12	1000.00	山东	提现困难
115	百信财富	2015.01	2013.12	1000.00	广东	提现困难
116	文妥财富	2015.01	2014.04	3000.00	广东	提现困难
117	上咸 BANK	2015.01	2014.01	1666.00	山东	跑路
118	春强财富	2015.01	2014.12	1000.00	山东	跑路
119	利丰网	2015.01	2014.07	8000.00	四川	提现困难
120	鼎泰益	2015.01	2014.11	1000.00	广东	跑路
121	御托贸易	2015.01	2014.09	—	上海	跑路
122	多彩多乐	2015.01	2014.11	100.00	重庆	提现困难
123	华商财富	2015.01	2014.11	1000.00	湖南	提现困难
124	汇众商贷	2015.01	2015.01	1000.00	山东	跑路
125	聚贷网	2015.01	2013.07	1000.00	四川	提现困难
126	三农创投	2015.01	2014.09	5000.00	山东	提现困难
127	美 E 贷	2015.01	2014.08	1000.00	山东	提现困难
128	高新盛	2015.01	2013.08	10000.00	广东	提现困难
129	福人创投	2015.01	2014.12	1000.00	山东	提现困难

续 表

序号	名称	问题时间	上线时间	注册资金(万元)	地区	事件类型
130	信益贷	2015.01	2014.08	1500.00	浙江	提现困难
131	青源贷	2015.01	2015.01	3000.00	山东	跑路
132	校园贷	2015.01	2014.09	20000.00	山东	提现困难
133	每天美贷	2015.01	2013.11	1000.00	广东	提现困难
134	中大财富	2015.01	2014.02	1000.00	广东	提现困难
135	国创投资	2015.01	—	5000.00	上海	跑路
136	众信财富	2015.01	2014.11	1000.00	河北	提现困难
137	惠利银通	2015.01	2014.10	1000.00	山东	提现困难
138	盛世汇盈	2015.01	2013.11	2000.00	广东	提现困难
139	玉丰投资	2015.01	2014.10	1000.00	山东	提现困难
140	MY 标客	2015.01	2013.01	500.00	江苏	停业
141	金淮贷	2015.01	2014.09	2000.00	江苏	提现困难
142	惠嘉金融	2015.01	2014.07	1000.00	河南	提现困难
143	融易贷	2015.01	2012 年	2000.00	广东	提现困难
144	天之源贷	2015.01	2013.11	1000.00	广东	提现困难
145	豫城金融	2015.01	2014.11	1000.00	河南	提现困难
146	人贷贷	2015.01	2014.12	2000.00	广东	跑路
147	鼎和贷	2015.01	2014.11	1000.00	广东	跑路
148	泓润恒业	2014.12	2014.04	1000.00	广东	提现困难
149	锐畅易贷	2014.12	2014.11	1500.00	山东	提现困难
150	神州易贷	2014.12	2013.09	1500.00	山东	提现困难
151	聚信通	2014.12	2014.10	1100.00	山东	提现困难
152	快速贷	2014.12	2012 年	3000.00	广东	提现困难
153	华夏信	2014.12	2014.07	1000.00	江苏	提现困难
154	龙源金融	2014.12	2014.09	2018.00	山东	停业
155	欣旺达财富	2014.12	2014.11	5000.00	浙江	提现困难

续 表

序号	名称	问题时间	上线时间	注册资金(万元)	地区	事件类型
156	汇丰创投	2014.12	2013.11	5000.00	湖南	提现困难
157	圣达创投	2014.12	2014.12	1200.00	山东	提现困难
158	贷贷通	2014.12	2014.09	2000.00	四川	跑路
159	皇顺贷	2014.12	2014.11	1500.00	山东	跑路
160	永信财富	2014.12	2014.11	1000.00	陕西	提现困难
161	财富广域	2014.12	2014.09	5500.00	北京	提现困难
162	积储在线	2014.12	2013.01	5000.00	山东	提现困难
163	稳益贷	2014.12	2013.11	1000.00	山东	提现困难
164	心诚创投	2014.12	2014.11	1000.00	山东	提现困难
165	汉泽天下	2014.12	2014.10	580.00	山东	提现困难
166	四季贷	2014.12	2014.08	1000.00	安徽	跑路
167	甬都贷	2014.12	2014.06	1000.00	浙江	提现困难
168	涌金贷	2014.12	2013.04	1000.00	浙江	提现困难
169	融丰创投	2014.12	2014.09	1000.00	浙江	跑路
170	雅戈创投	2014.12	2014.12	1000.00	山东	跑路
171	金德易贷	2014.12	2014.09	500.00	山东	提现困难
172	联帮财富	2014.12	2013.09	2000.00	江苏	跑路
173	美嘉创投	2014.12	2014.09	1000.00	山东	限制提现，暂停运营
174	金泰财富	2014.12	2014.09	5000.00	山东	提现困难
175	银通贷	2014.12	2013.04	5000.00	广东	提现困难
176	金豪利	2014.12	2013.09	2000.00	广东	提现困难
177	湘中银联	2014.12	2014.06	1000.00	湖南	提现困难
178	冠宇投资	2014.12	2014.10	1000.00	山东	提现困难
179	基鼎贷	2014.12	2014.08	1000.00	山东	提现困难
180	兴业易贷	2014.12	2013.05	500.00	贵州	提现困难

续 表

序号	名称	问题时间	上线时间	注册资金(万元)	地区	事件类型
181	拓达贷	2014.12	2014.11	1000.00	山东	提现困难,跑路
182	德州贷	2014.12	2014.07	400.00	山东	提现困难
183	鸿康创投	2014.12	2014.02	500.00	山东	提现困难
184	华辰易贷	2014.12	2014.03	1000.00	湖南	提现困难
185	民生投资	2014.12	2014.11	2000.00	山东	提现困难
186	台商金融	2014.12	2014.07	5000.00	浙江	暂停运营
187	汇金众盈	2014.12	2014.05	2000.00	北京	跑路
188	兴盛贷	2014.12	2014.08	1000.00	山东	提现困难
189	鲁润创投	2014.12	2014.11	1000.00	河北	跑路
190	大福创投	2014.12	2014.10	1000.00	广东	失联
191	蜀易贷	2014.12	2013.11	1000.00	四川	提现困难
192	温州金融港	2014.12	2014.05	3000.00	浙江	提现困难
193	18亮点贷	2014.12	2014.12	1000.00	甘肃	诈骗
194	恒丰信投	2014.12	2014.11	1000.00	山东	提现困难
195	宜客贷	2014.12	2014.03	—	安徽	诈骗,跑路
196	易投	2014.12	2014.10	50000.00	重庆	诈骗,跑路
197	稳稳盈	2014.12	2014.11	10000.00	上海	诈骗,跑路
198	新中金财富	2014.12	2014.10	1001.00	河南	诈骗,跑路
199	瑞城金融	2014.12	2014.04	1000.00	江苏	停止运营
200	金陵财富	2014.12	2014.04	1000.00	江苏	诈骗
201	宜信宜投	2014.12	2014.11	1000.00	安徽	限制提现
202	皓峰财富	2014.12	2014.06	900.00	山东	限制提现
203	德信财富	2014.12	2014.05	300.00	山东	停止运营
204	中汇在线	2014.12	2013.07	2000.00	广东	提现困难
205	琳鹏创投	2014.12	2014.05	6000.00	贵州	提现困难
206	华迪易投	2014.12	2014.11	1000.00	河北	诈骗,跑路

续 表

序号	名称	问题时间	上线时间	注册资金(万元)	地区	事件类型
207	姑苏财富	2014.12	2013.12	1000.00	江苏	提现困难
208	标晨投资	2014.12	2014.06	10000.00	上海	诈骗,跑路
209	硕宝投资	2014.12	2014.11	1000.00	山东	提现困难
210	华鑫恒生	2014.12	2014.06	500.00	湖南	跑路
211	鄂商贷	2014.12	2014.07	500.00	湖北	提现困难
212	财益创投	2014.12	2014.10	1500.00	山东	提现困难
213	华富信投	2014.12	2014.10	1000.00	山东	跑路
214	三姐投融	2014.12	2014.03	300.00	广西	提现困难
215	财富天下	2014.12	2013.12	10000.00	广东	跑路
216	聚金投资	2014.12	2014.07	600.00	四川	限制提现
217	一本贷	2014.12	2013.10	501.00	浙江	提现困难
218	聚宝盆	2014.12	2014.05	5000.00	广东	提现困难
219	钱塘人家	2014.12	2014.09	2000.00	浙江	提现困难
220	汇亿财富	2014.12	2014.08	1000.00	安徽	提现困难
221	全民贷	2014.12	2012 年	2000.00	浙江	限制提现
222	佳伦资本	2014.12	2014.12	1000.00	四川	诈骗
223	鑫汇在线	2014.12	2014.11	1000.00	广东	跑路
224	轻纺城金融	2014.12	2013.10	1000.00	浙江	刑侦介入
225	融融网	2014.12	2014.04	5008.00	北京	限制提现
226	聚宝通	2014.12	2014.08	10000.00	广东	诈骗,网站关闭
227	小微所	2014.12	2014.05	20000.00	广东	提现困难
228	盛世创投	2014.12	2013.04	500.00	广东	提现困难,老板自首
229	金诺鼎	2014.12	2014.01	5000.00	四川	提现困难
230	幸福 e 贷(正诺悦金融)	2014.12	2013.08	1000.00	广东	跑路
231	君茂财富	2014.12	2013.12	5000.00	浙江	老板失联

续　表

序号	名称	问题时间	上线时间	注册资金(万元)	地区	事件类型
232	满堂金	2014.12	2014.02	10000.00	江苏	提现困难
233	爱网贷	2014.12	2013.10	1000.00	山东	限制提现
234	拉手贷	2014.12	2013.09	500.00	山东	提现困难
235	聚融贷	2014.12	2014.10	2000.00	浙江	诈骗,跑路
236	现佳创富	2014.12	2013.12	1000.00	广东	提现困难
237	益元贷	2014.12	2014.06	1050.00	上海	提现困难
238	京浙贷	2014.12	2014.02	10000.00	浙江	限制提现
239	诚信宝	2014.12	2014.07	1000.00	江苏	停业
240	一诺财富	2014.11	2014.11	1000.00	陕西	诈骗,跑路
241	沪联贷	2014.11	2014.04	1000.00	上海	提现困难
242	昊泽贷	2014.11	2014.09	1000.00	山东	提现困难(正处于公安清查中)
243	联创财富	2014.11	2013.11	500.00	浙江	提现困难
244	旭日贷	2014.11	2013.06	500.00	广东	提现困难
245	鼎诚财富	2014.11	2014.06	500.00	浙江	提现困难
246	瓯江贷	2014.11	2014.05	1000.00	浙江	提现困难
247	深港易贷	2014.11	2014.09	5000.00	广东	提现困难
248	雨滴财富	2014.11	2013.11	1000.00	浙江	限制提现
249	房车贷	2014.11	2014.07	500.00	湖南	网站清盘,停止运营
250	北部港财富	2014.11	2014.08	1000.00	广西	提现困难
251	美贷网	2014.11	2012 年	3000.00	广东	停止提现
252	中融资本	2014.11	2012 年	1080.00	浙江	停止提现
253	信达财富	2014.11	2013.02	500.00	天津	停止提现
254	渝商创投	2014.11	2013.08	200.00	重庆	提现困难
255	有益贷	2014.11	2014.08	1000.00	广东	暂停运营

续 表

序号	名称	问题时间	上线时间	注册资金(万元)	地区	事件类型
256	有钱贷	2014.11	2013.07	1000.00	广西	提现困难
257	荣锦创投	2014.11	2014.11	2000.00	北京	诈骗,跑路
258	乐贷网	2014.11	2014.04	100.00	山东	提现困难
259	大华财富	2014.11	2014.06	3500.00	山东	提现困难
260	润通创投	2014.11	2013.12	1000.00	北京	限制提现
261	时时宝	2014.11	2014.11	1800.00	安徽	诈骗
262	翰爽投资	2014.11	2014.10	5000.00	上海	诈骗
263	致雅财富	2014.11	2013.07	1000.00	浙江	解散官方群,疑似跑路
264	万晶聚投资	2014.11	2014.11	100.00	广东	诈骗
265	中源资本	2014.11	2013.12	1000.00	广东	提现困难
266	中贸易融	2014.11	2013.07	500.00	浙江	限制提现
267	幸福财富	2014.11	2014.01	1000.00	福建	提现困难,暂停运营
268	汇财宝	2014.11	2014.06	1000.00	四川	停止运营
269	鼎瑞投资	2014.11	2014.11	3000.00	陕西	平台资料造假
270	恒融财富	2014.11	2013.05	2000.00	江苏	提现困难
271	银银贷	2014.11	2014.11	5000.00	广东	诈骗
272	聚融投	2014.11	2014.10	8000.00	广东	诈骗
273	闽昌贷	2014.11	2013.01	500.00	福建	跑路
274	金麒麟	2014.11	2014.11	—	福建	诈骗
275	惠兴通	2014.11	2014.02	1000.00	浙江	提现困难
276	佳联财富	2014.11	2014.06	1000.00	浙江	提现困难
277	盛合金融	2014.11	2013.05	11000.00	湖北	诈骗
278	富城贷	2014.11	2013.12	1000.00	浙江	提现困难,倒闭
279	鑫泽恒	2014.11	2014.06	1000.00	江苏	提现困难,跑路

续　表

序号	名称	问题时间	上线时间	注册资金(万元)	地区	事件类型
280	泓然控股	2014.10	2014.08	5000.00	浙江	提现困难
281	南汇财富	2014.10	—	500.00	湖北	诈骗
282	全家福	2014.10	2014.08	10000.00	广东	网站涉嫌造假
283	宏德创投	2014.10	2014.09	1000.00	北京	诈骗
284	度尔投资	2014.10	—	480.00	上海	诈骗
285	淘贷宝	2014.10	2013.05	500.00	浙江	提现困难
286	银坊金融	2014.10	2013.10	5000.00	浙江	老板失联
287	华东财富	2014.10	2014.07	1000.00	山东	提现困难
288	建明财富	2014.10	2014.07	—	四川	诈骗
289	安旺 P2P	2014.10	2014.10	11800.00	安徽	诈骗
290	众富贷	2014.10	2014.10	—	河北	跑路
291	鸢都贷	2014.10	2014.03	220.00	山东	提现困难
292	朝助创投	2014.10	2014.07	1000.00	浙江	诈骗
293	德鸿贷	2014.10	2014.10	1000.00	海南	诈骗
294	立鼎资本	2014.10	2014.08	20000.00	广东	跑路
295	名启财富	2014.10	2014.07	2000.00	广东	提现困难
296	京商网	2014.10	—	—	北京	诈骗
297	农科城网贷	2014.10	—	7000.00	北京	诈骗
298	天晨财富	2014.10	2014.01	1000.00	山东	—
299	汇聚贷	2014.10	2013.10	300.00	广西	疑似跑路
300	万通财富	2014.10	2013.09	500.00	浙江	老板失联
301	D1 金融	2014.10	—	—	上海	跑路
302	鼎丰投资	2014.10	2014.07	1500.00	湖北	诈骗
303	祥仁投资	2014.10	2014.07	1100.00	湖北	诈骗
304	高利投资	2014.10	2014.07	1200.00	湖北	诈骗
305	益盈投资	2014.10	2014.07	1500.00	湖北	诈骗

续 表

序号	名称	问题时间	上线时间	注册资金(万元)	地区	事件类型
306	致盛贷	2014.10	2014.10	5000.00	四川	诈骗
307	财迷中国	2014.10	2014.04	1000.00	重庆	项目逾期
308	南瓜 P2P	2014.10	2013.12	1000.00	江西	提现困难
309	安宜贷	2014.10	2014.05	—	广东	停止运营
310	铂利亚	2014.10	2013.08	500.00	四川	提现困难
311	联信财富	2014.10	2013.08	5000.00	山东	提现困难
312	如通金融	2014.10	2013.11	200.00	浙江	提现困难
313	重友财富	2014.10	2014.06	1000.00	福建	提现困难
314	御帮贷	2014.10	2014.09	3000.00	江西	诈骗
315	信优贷	2014.10	—	—	广东	诈骗
316	融益财富	2014.10	2013.10	1000.00	浙江	诈骗
317	信丰财富	2014.10	2014.09	—	上海	诈骗
318	尚融财富	2014.09	2014.09	1375.40	上海	停业整顿
319	随 e 贷	2014.09	2014.04	1000.00	山东	失联
320	弘富贷	2014.09	—	1000.00	北京	提现困难
321	晶玉贷	2014.09	2014.09	2000.00	湖南	诈骗
322	人山贷	2014.09	2014.09	2000.00	上海	诈骗
323	金升贷	2014.09	2013.12	500.00	浙江	停止提现
324	金泰达投资	2014.09	—	3693.00	广东	诈骗
325	满仓赢	2014.09	2014.08	1000.00	广东	诈骗
326	优信贷	2014.09	2014.04	—	四川	法失联
327	国安贷	2014.09	2013.08	500.00	山东	提现困难,老板失联
328	澳达天翼投资	2014.09	—	28000.00	北京	诈骗
329	温心创投	2014.09	—	1000.00	广东	诈骗
330	亿豪通	2014.09	2014.08	1000.00	广东	诈骗

续表

序号	名称	问题时间	上线时间	注册资金(万元)	地区	事件类型
331	美美贷	2014.09	2013.12	500.00	山东	提现困难
332	汉国钱庄	2014.09	2014.05	—	上海	—
333	起跑线借贷	2014.09	—	100.00	福建	提现困难
334	小虎金融	2014.09	2014.08	500.00	上海	诈骗
335	楚盈贷	2014.09	2014.06	100.00	湖北	跑路
336	江南创投	2014.09	2013.12	1200.00	江苏	提现困难
337	润达贷	2014.09	2014.01	516.00	河南	跑路
338	苏商投资	2014.09	2014.01	—	上海	诈骗
339	禹龙投资	2014.09	—	3600.00	湖南	诈骗
340	盛德多投资	2014.09	—	200.00	广东	诈骗
341	粤利通	2014.09	—	100.00	广东	跑路
342	华纳汇盈	2014.08	2014.08	5001.00	北京	跑路
343	慧眼通贷	2014.08	2013.07	1000.00	上海	暂停运营
344	永合贷	2014.08	2014.08	—	北京	跑路
345	虹权投资	2014.08	2014.04	1000.00	上海	诈骗
346	拓金投资	2014.08	2014.01	—	上海	跑路
347	鼎元贷	2014.08	2014.04	5000.00	广东	跑路
348	时时贷	2014.08	2014.04	1000.00	广东	跑路
349	永利天成	2014.08	2014.07	1000.00	北京	跑路
350	得利盈	2014.08	2014.01	100.00	福建	跑路
351	锦融运通	2014.08	2013.07	2000.00	浙江	提现困难
352	湘信网	2014.08	2014.05	1000.00	湖南	提现困难
353	中融财富	2014.08	2013.11	1000.00	四川	提现困难
354	农银贷	2014.08	2013.12	5000.00	湖南	提现困难
355	尧瑞投资	2014.08	2014.05	1000.00	上海	诈骗
356	信邦财富	2014.08	2014.05	1000.00	广东	诈骗

续 表

序号	名称	问题时间	上线时间	注册资金(万元)	地区	事件类型
357	龙华贷	2014.08	2014.08	500.00	北京	诈骗
358	善安合财富	2014.07	2014.06	1000.00	北京	跑路
359	兴利贷	2014.07	2014.05	100.00	广西	跑路
360	舒畅理财	2014.07	2014.04	3100.00	上海	跑路
361	亚盛财富	2014.07	2013.12	1000.00	浙江	提现困难
362	誉信贷	2014.07	2014.07	200.00	福建	跑路
363	群众贷	2014.07	2014.04	—	广东	跑路
364	余下钱	2014.07	2014.07	—	广东	跑路
365	光大富尊	2014.07	—	80000.00	上海	跑路
366	企联融业	2014.07	2013.10	1000.00	湖南	运营不善,关闭
367	润宏贷	2014.06	2014.06	1000.00	四川	跑路
368	恒金贷	2014.06	2014.06	5000.00	浙江	跑路
369	洪升财富	2014.06	2014.06	500.00	上海	跑路
370	拜腾财富	2014.06	—	100.00	上海	跑路
371	天行信	2014.06	2013.11	2180.00	广东	跑路
372	科讯网	2014.06	2013.12	5000.00	广东	跑路
373	永泰达投资	2014.06	2014.02	5000.00	广东	跑路
374	都能贷	2014.06	2012 年	—	湖南	提现困难
375	网金宝	2014.06	2014.02	—	北京	跑路
376	创鑫贷	2014.06	2013.06	—	江苏	跑路
377	弘昌创投	2014.05	2013.09	—	浙江	消失
378	威泰创投	2014.05	2014.05	—	河北	跑路
379	仁信贷	2014.05	2014.05	—	广东	跑路
380	秦皇资本	2014.05	2013.11	—	广东	提现困难
381	股民贷	2014.05	—	—	上海	诈骗
382	中信创投	2014.05	—	—	广东	诈骗

续 表

序号	名称	问题时间	上线时间	注册资金(万元)	地区	事件类型
383	日升财富	2014.05	2014.03	—	湖南	提现困难
384	信誉财富	2014.05	—	—	广东	诈骗
385	马上有钱	2014.05	—	—	广东	—
386	鑫森源投资	2014.04	2014.03	—	广东	诈骗
387	明启华投资	2014.04	2014.03	—	广东	诈骗
388	深速贷	2014.04	2014.04	—	广东	歇业
389	周道财富	2014.04	2014.04	—	江苏	歇业
390	易信云投	2014.04	2013.12	—	上海	诈骗
391	景煜贷	2014.04	—	—	湖北	诈骗
392	卓忠贷	2014.04	2014.03	5000.00	上海	消失
393	福润汇鑫	2014.04	2012 年	—	北京	诈骗
394	旺旺贷	2014.04	2013.11	—	广东	跑路
395	钱海创投	2014.04	2013.09	2000.00	广东	经侦介入
396	万汇通	2014.03	2014.02	—	福建	诈骗
397	中 E 邦达	2014.03	2014.01	1000.00	广东	运营不善,关闭
398	大家网	2014.03	—	—	浙江	经侦介入
399	元一创投	2014.03	2014.03	—	广东	诈骗
400	贷易网	2014.03	—	—	广东	跑路
401	中宝投资	2014.03	2011 年	100.00	浙江	经侦介入
402	诚德担保	2014.03	—	—	江苏	消失
403	富创贷	2014.03	—	—	福建	诈骗
404	速速贷	2014.02	2013.11	—	浙江	运营不善,关闭
405	东信财富	2014.02	2013.07	1000.00	江苏	提现困难
406	创值贷	2014.02	—	—	浙江	消失
407	窑湾贷	2014.02	2014.01	2000.00	江苏	诈骗

续 表

序号	名称	问题时间	上线时间	注册资金(万元)	地区	事件类型
408	大地贷	2014.02	2013.09	300.00	湖北	运营不善,关闭
409	同城人人贷	2014.02	2013.09	—	广西	运营不善,关闭;已重新上线
410	南岭财富	2014.02	2013.06	—	广东	运营不善,关闭
411	小丫 P2P	2014.01	2013.12	—	湖北	暂停运营
412	银都创投	2014.01	2014.01	100.00	湖南	提现困难
413	海陵贷	2014.01	2013.12	1000.00	江苏	提现困难
414	融宝贷	2014.01	2013.10	500.00	广东	提现困难
415	锋逸信投	2014.01	2013.10	1000.00	上海	跑路
416	贵福财富	2014.01	2013.11	1000.00	陕西	提现困难
417	国临创投	2014.01	2013.06	600.00	浙江	跑路
418	中银资本	2014.01	2013.09	1000.00	广东	提现困难
419	富豪创投	2014.01	2013.10	3000.00	湖北	提现困难
420	中贷信创	2014.01	—	—	广东	跑路
421	天府投资网	2014.01	2013.08	—	四川	歇业
422	广融贷	2014.01	2012 年	500.00	浙江	提现困难
423	华生贷	2013.12	2013.04	—	江西	提现困难,后恢复
424	维沃财富	2013.12	2013.10	—	江苏	诈骗
425	聚众贷	2013.12	2012 年	—	上海	跑路
426	怀民贷	2013.12	2013.12	—	湖南	提现困难
427	天标贷	2013.12	2013.10	—	湖南	提现困难
428	海发财富	2013.12	2013.10	—	山东	提现困难
429	华悦财富	2013.12	2013.09	—	广东	提现困难
430	高益创投	2013.12	2013.11	—	山东	提现困难

续　表

序号	名称	问题时间	上线时间	注册资金(万元)	地区	事件类型
431	佳通创投	2013.12	2013.08	—	湖南	提现困难
432	正大金融	2013.12	2013.06	—	江西	提现困难
433	及时雨	2013.12	2013.09	—	湖南	提现困难
434	沪发贷	2013.11	2013.10	—	上海	提现困难
435	禾嘉创投	2013.11	2013.11	—	安徽	提现困难
436	中州易贷	2013.11	2013.03	—	河南	运营不善，关闭，后恢复
437	华东贷	2013.11	2013.09	—	上海	提现困难
438	帮你贷	2013.11	2013.10	—	浙江	提现困难
439	诚宜创投	2013.11	2013.09	—	安徽	提现困难
440	五洲财富	2013.11	2013.08	—	广东	提现困难
441	信博财富	2013.11	2013.07	—	浙江	提现困难
442	金银丰	2013.11	2013.09	—	广东	提现困难
443	凌轩财富	2013.11	2013.09	—	上海	提现困难
444	阿拉贷	2013.11	2011 年	—	浙江	提现困难
445	安客创投	2013.11	2013.09	—	江苏	提现困难
446	宝都财富	2013.11	2013.11	—	浙江	提现困难，后恢复
447	江城贷	2013.11	2013.09	—	安徽	提现困难
448	莲花财富	2013.11	2013.03	—	浙江	提现困难
449	今鑫财富	2013.11	2013.08	—	上海	提现困难
450	德塞财富	2013.11	2013.08	—	浙江	提现困难
451	好想贷	2013.11	2013.01	—	浙江	提现困难
452	信邦创投	2013.11	2013.09	—	浙江	提现困难
453	宝仕金融	2013.11	2013.09	—	江苏	提现困难
454	光大信投	2013.11	2013.09	—	江苏	提现困难

续 表

序号	名称	问题时间	上线时间	注册资金(万元)	地区	事件类型
455	中联乐银	2013.11	2013.02	—	浙江	提现困难
456	益得创投	2013.11	2013.09	—	浙江	提现困难
457	3a 借贷	2013.11	2013.07	—	山东	提现困难
458	鹏城贷	2013.11	2013.07	—	广东	跑路
459	汇银投资	2013.11	2013.10	—	浙江	提现困难
460	都梁创投	2013.11	2013.09	—	江苏	提现困难
461	徽煌财富	2013.11	2013.09	—	安徽	提现困难
462	宝丰创投	2013.11	2013.08	—	广东	提现困难
463	招金贷	2013.11	2013.10	—	内蒙古	提现困难
464	乾坤贷	2013.11	2013.07	—	江苏	提现困难
465	铜都贷	2013.11	2013.05	—	安徽	提现困难
466	平海金融	2013.10	2013.06	—	安徽	提现困难
467	浙商贷	2013.10	2013.06	—	浙江	提现困难
468	通联贷	2013.10	2013.08	—	广东	提现困难
469	银鑫贷	2013.10	2013.09	—	湖北	提现困难
470	家家贷	2013.10	2013.07	—	浙江	提现困难
471	汇宝信贷	2013.10	2013.07	—	江苏	提现困难
472	保险贷	2013.10	2013.05	—	江苏	提现困难
473	乐网贷	2013.10	2013.04	—	山东	提现困难
474	钰泰财富	2013.10	2013.08	—	湖北	提现困难
475	盈通投资	2013.10	2013.01	—	湖北	提现困难
476	华强财富	2013.10	2013.09	—	安徽	提现困难
477	力合创投	2013.10	2013.07	—	浙江	提现困难
478	福翔创投	2013.10	2013.10	—	福建	诈骗
479	川信贷	2013.10	2013.01	—	四川	提现困难
480	宜商贷	2013.10	2013.07	—	湖北	提现困难

续　表

序号	名称	问题时间	上线时间	注册资金(万元)	地区	事件类型
481	银实贷	2013.10	2013.08	—	内蒙古	提现困难
482	东方创投	2013.10	2013.06	—	广东	提现困难
483	万利创投	2013.10	2013.05	—	广东	提现困难
484	立贷网	2013.10	2013.03	—	浙江	提现困难
485	天力贷	2013.09	2013.04	—	湖北	提现困难
486	互帮贷	2013.09	2013.06	—	江苏	提现困难
487	黄山资本	2013.09	2013.05	—	安徽	运营不善，关闭
488	现贷网	2013.09	2013.07	—	广东	提现困难
489	财富园	2013.08	2013.06	—	广东	运营不善，关闭
490	网赢天下	2013.08	2013.03	—	广东	提现困难
491	中财在线	2013.07	2012年	—	湖北	提现困难
492	民联贷	2013.07	2013.03	—	湖北	提现困难
493	铂利亚	2013.06	—	—	四川	运营不善，关闭，后恢复
494	徽州贷	2013.06	2013.02	—	安徽	提现困难
495	非诚勿贷	2013.06	—	—	浙江	提现困难
496	酷跑金融	2013.05	—	—	浙江	诈骗
497	城乡贷	2013.04	—	—	天津	运营不善，关闭
498	众贷网	2013.04	2013.03	—	海南	运营不善，关闭
499	优易贷	2012年	—	—	江苏	诈骗
500	安泰卓越	2012年	—	—	北京	诈骗
501	淘金贷	2012年	—	—	甘肃	诈骗
502	恋贷网	2012年	—	—	辽宁	—
503	众贷邦	2012年	—	—	浙江	—

续 表

序号	名称	问题时间	上线时间	注册资金(万元)	地区	事件类型
504	分分贷	2012年	—	—	上海	—
505	空中贷	2011年	—	—	江苏	—
506	天使计划	2011年	—	—	云南	诈骗
507	贝尔创投	2011年	—	—	江苏	诈骗
508	哈哈贷	2011年	—	—	上海	运营不善,关闭
509	及时贷	2011年	—	—	广东	诈骗
510	给力贷	2011年	—	—	广西	—
511	蚂蚁贷	2011年	—	—	重庆	诈骗
512	学生借贷网	2011年	—	—	北京	—
513	鼎力贷	2011年	—	—	北京	—
514	亿峰借贷	2011年	—	—	浙江	

数据来源:网贷之家,2015年3月18日。

参考文献

[1] 李逸凡.比较与借鉴——美国和中国 P2P 网贷平台的发展[J].理论月刊,2014(10):125-129.

[2] 汤英汉.中国 P2P 网贷违约特征实证研究[J].商业时代,2014(32):90-92.

[3] 李平,陈林,李强,等.赵洪江互联网金融的发展与研究综述[J].电子科技大学学报,2015(2):245-253.

[4] 曹亚廷.P2P 网贷与征信系统关系研究[J].征信,2014,32(11):15-18.

[5] 王嵩青,田芸.P2P 网贷模式的信用风险探析征信视角下[J].征信,2014(12):49-52.

[6] 宋琳,郝光亮.委托代理视角下 P2P 网贷平台风险防控研究[J].山东社会科学,2015(3).

[7] 鲁雪岩,任建春.网贷平台风险识别与防控探析[J].征信,2014(12):84-87.

[8] 乔莉.基于信用可获得性视角探索 P2P 网贷平台可持续性发展路径[J].征信,2014,32(7):48-49.

[9] 王楚珺,刘会芳,尉丽丽.大数据在控制 P2P 网贷风险上的应用[J].中国商贸,2015(9):84-85.

[10] 沈良辉,陈莹.美国 P2P 网贷信用风险管理经验及对我国的启示[J].征信,2014,32(6):61-65.

[11] 张正平,胡夏露.P2P 网络借贷:国际发展与中国实践[J].北京工商大学学报,2013(3):87-94.

[12] 宋鹏程,邹震田.P2P 借贷商业模式在我国的演进及其启示——由大型金融机构和风险投资公司的动向谈起[J].新金融,2014(4):48-52.

[13] 杨新求.我国 P2P 网络借贷运营模式简析[J].知识经济,2012(5):130.

[14] 中国人民银行金融稳定分析小组.中国金融稳定报告 2014[M].北京:中国金融出版社,2014.